博愛堂史話

幕末名主日記に見る江戸近郊の世相

小島日記研究会　編

はじめに

小島資料館館長　小島政孝

武蔵国多摩郡小野路村（現東京都町田市小野路町）は、江戸に一〇里（四〇キロメートル）、横浜に八里一一町（三三キロメートル）の距離にある。

古くは鎌倉古道が通り、室町時代の応永十年（一四〇三）には、小野路の小野神社に交通安全祈願のため鐘が奉納された。その鐘銘に、朝夕に旅人に時を知らせるため鐘を撞いたことが記されている。江戸時代初期の元和三年（一六一七）には、徳川家康公の御霊を駿河の久能山から、野州日光山へ移す大行列が通過している。江戸中期以降は、大山詣りの宿場となった。東海道と甲州道中を結ぶ間道でもある。

小野路村は交通の要衝で、幕末には小島家のある小野路宿から五方向に道があり、その目的地をつけて神奈川道、小田原道、八王子道、府中道、布田道と呼ばれていた。文政十年（一八二七）に関東取締出役は小野路村を親村にして、小野路村外五十ヶ村組合村設置を考えていたが、地元の反対があり、十二年に小野路村外三十四ヶ村組合村と、木曽村外十四ヶ村組合村が設置された。小島家は、組合村の寄場名主筆頭を務めた。このような関係で小島家には多くの情報が集まった。

小島資料館には、歴代当主が記した『小島日記』と、小島角左衛門の『梧山堂雑書』、分家の小島誠之進の『溪南日記』と同村名主の『橋本日記』が保存されている。

『小島日記』は、天保七年（一八三六）から大正十年（一九二一）まで、小島家の歴代当主、角左衛門

（政則・号梧山）→鹿之助（為政・号韶斎）→守政（号慎齋）→孝（号春川）の四代が記した。守政の弟誠之進は『溪南日記』を明治四十三年から昭和二十五年までつけている。『橋本日記』は安永五年から明治二十二年までのうち十一年間分のみ現存する。

本書においては『小島日記』を『日記』、『梧山堂雑書』を『雑書』と略記する。

『梧山堂雑書』を、解読当初は『聴書』と読んでいたが、その後に「雑」の崩し字であることがわかり、『雑書』に訂正した。

これらの日記を史料として、小島日記研究会会員が「町田ジャーナル」紙に、〝博愛堂史話〟と題する歴史コラム（約六〇〇字）を、二〇一一年一月から二〇二一年十二月まで一三一回執筆した。現在も継続中であるが、これまでのコラムを編集して出版する。本書を通して、〝日記〟の面白さを伝えることができたら、著者一同望外の喜びである。

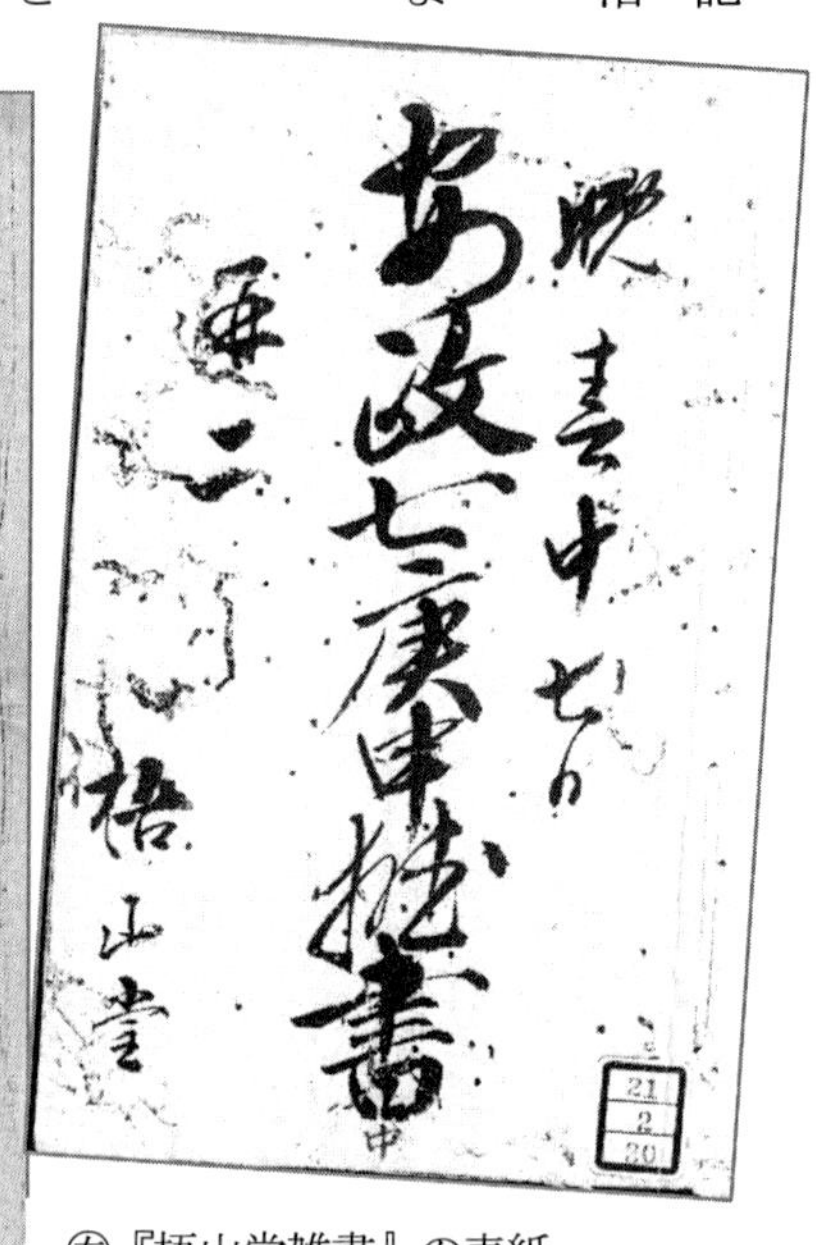

㊨『梧山堂雑書』の表紙
㊧『小島日記』の表紙
本書においては『雑書』『日記』と略記

小野路村近郊図

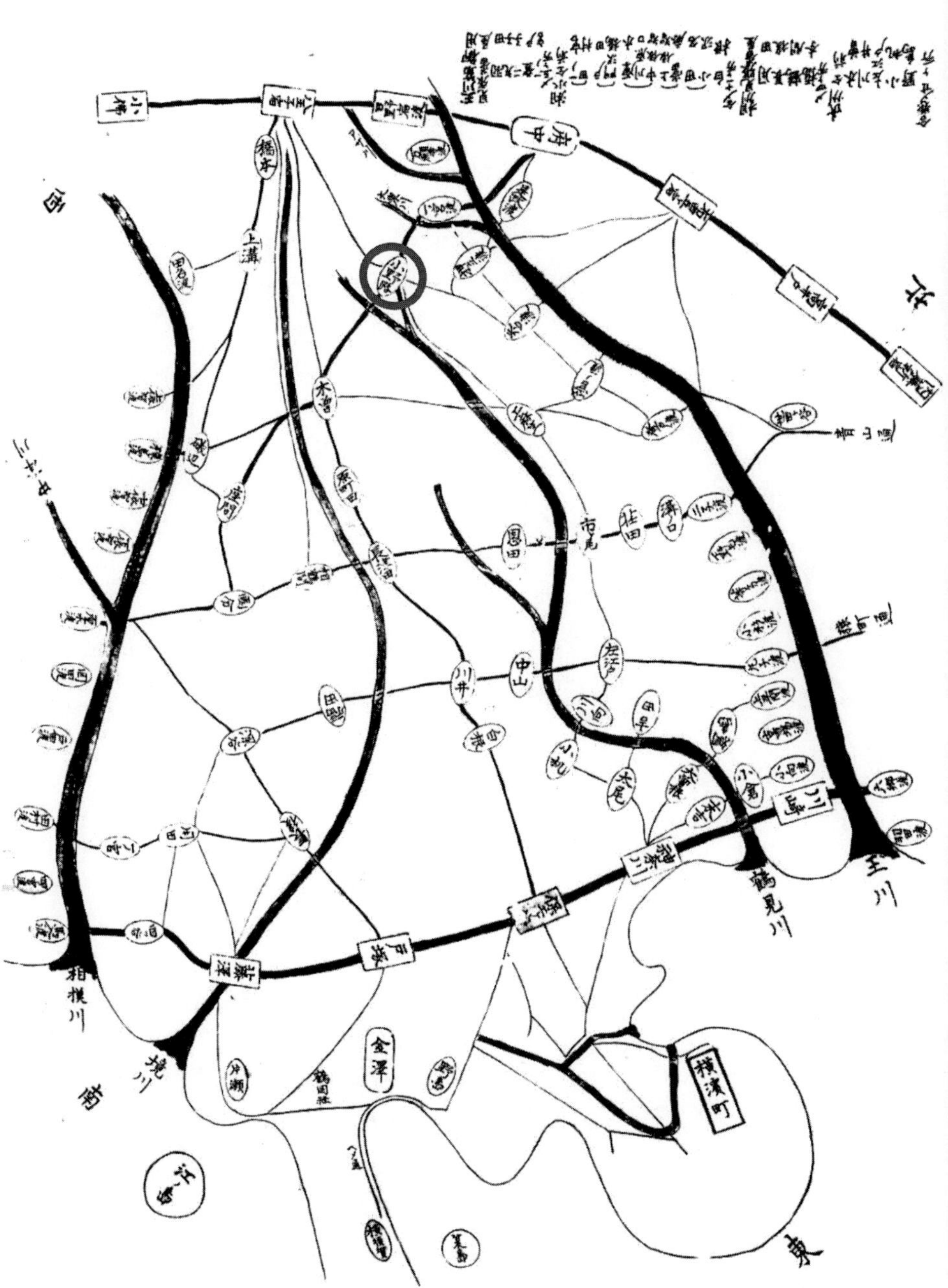
小仏
八王子
橋本
上溝
府中
小野路
木曽
市ヶ尾
中山
川井
戸塚
藤沢
保土ヶ谷
神奈川
川崎
鶴見川
相模川
境川
金澤
横濱町
江ノ島
西
北
南
東

小島家・橋本家　関係略系譜

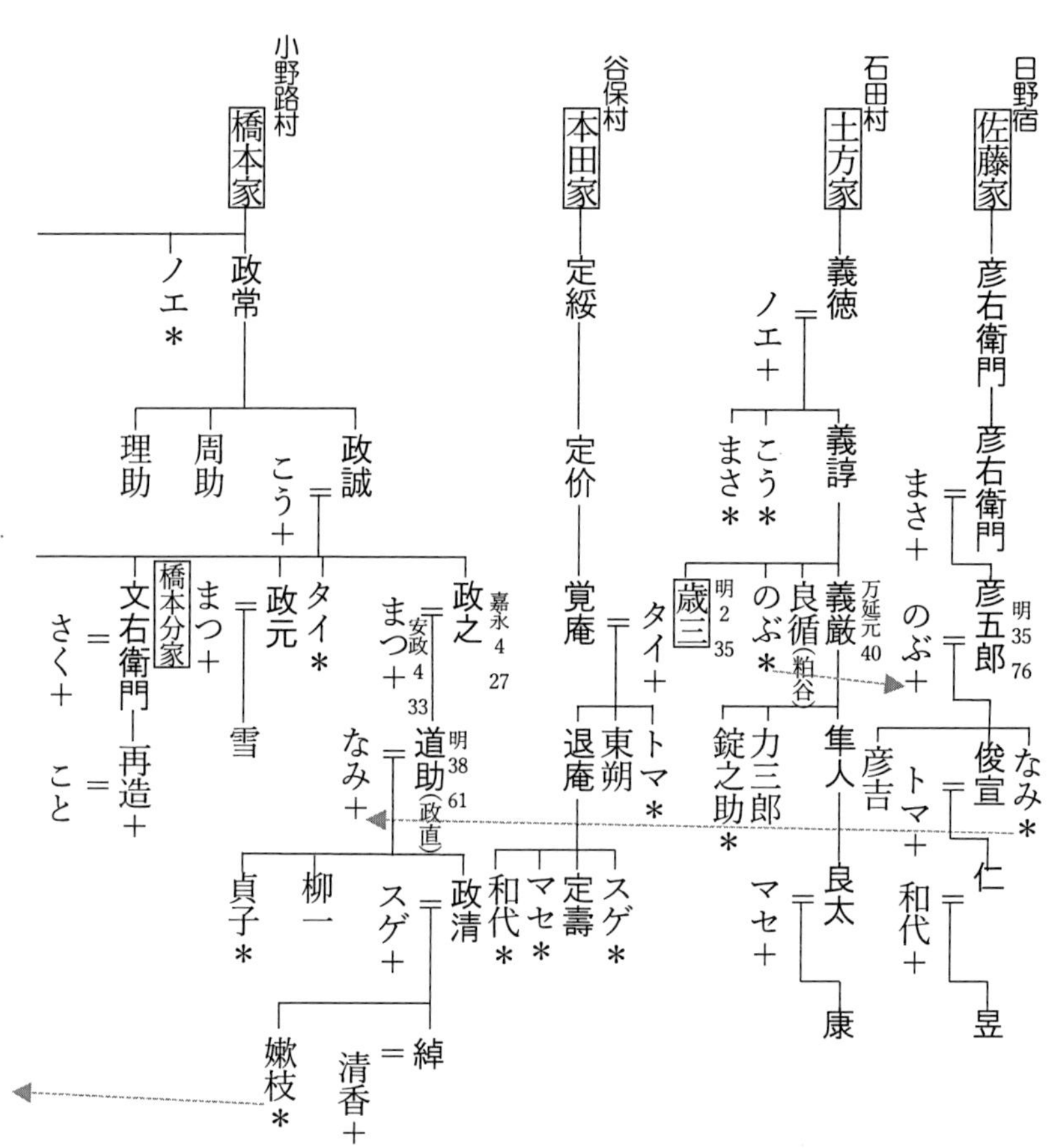

名前脇数字は　没年と享年
太字は当主を示す
縁戚関係の記号は　＊生家　＋移籍先
例：土方→佐藤→橋本→小島家

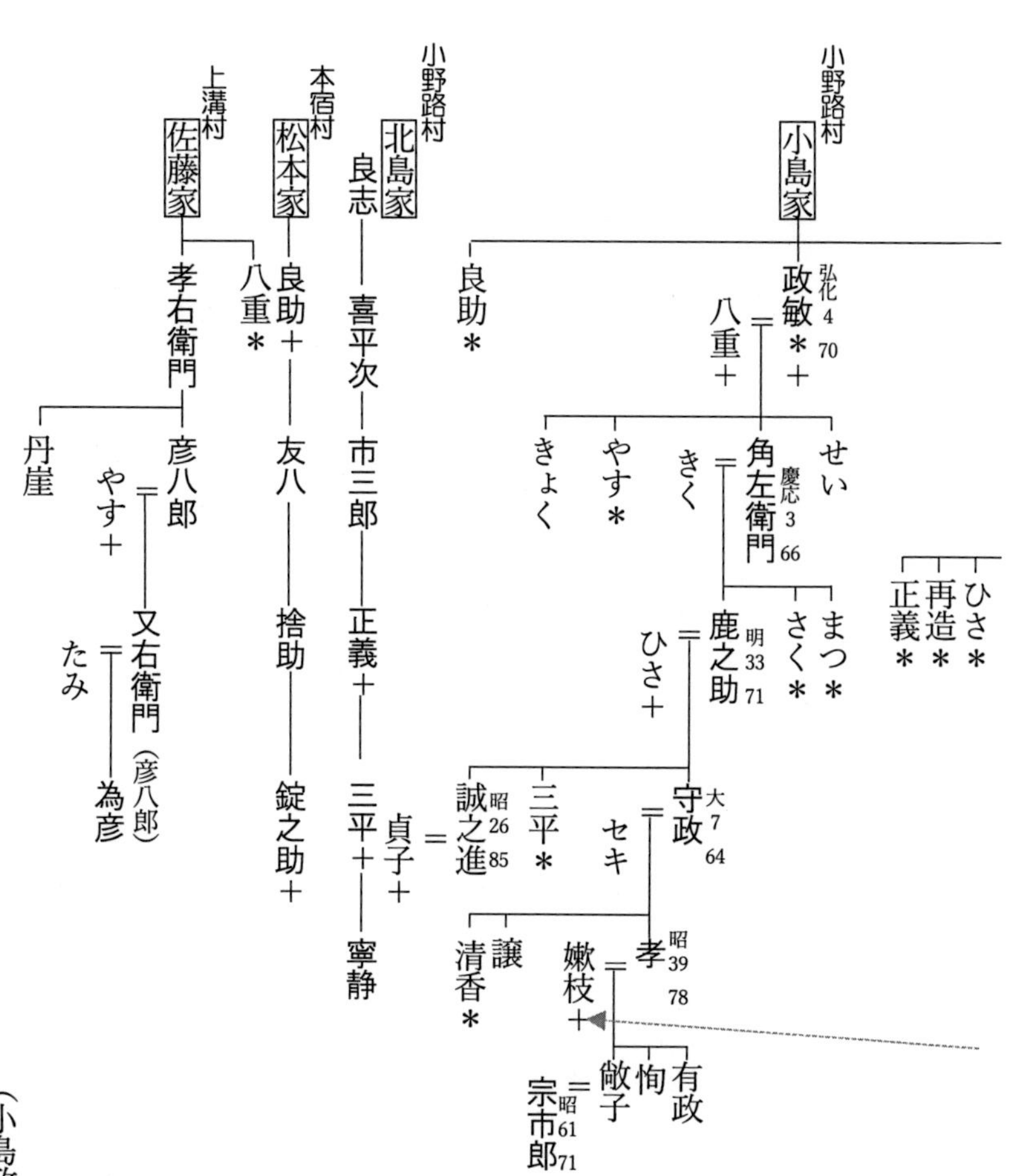
小野路村
小島家
政敏＊＋
弘化4
70
八重＋
良助＊
せい
角左衛門
慶応3
66
きく
やす＊
きょく
まつ＊
さく＊
鹿之助
明33
71
ひさ＋
ひさ＊
再造＊
正義＊
守政
大7
64
セキ
三平＊
誠之進
昭26
85
貞子＋
孝
昭39
78
嫩枝＋
譲
清香＊
有政
恂
敞子
宗市郎
昭61
71
小野路村
北島家
良志
喜平次
市三郎
正義＋
三平＋
寧静
本宿村
松本家
良助＋
友八
捨助
錠之助＋
上溝村
佐藤家
八重＊
孝右衛門
彦八郎
やす＋
又右衛門
（彦八郎）
たみ
為彦
丹崖

（小島政孝作成）

目次

小島家の人びと —— 49

人物点描 —— 83

激動の幕末――109

村の風景

『武蔵名勝図会』の小野路村

風土と歴史

小野神社の鐘の変遷

小野路町の小野神社の鐘の伝承では、文明年間に両上杉氏の戦いのとき陣鐘として持ち去られ、その後、海寶院に納められたという。平成二十九年夏に、小野神社の鐘を研究している安達則子さんからお話を伺ったので、それを加味してまとめた。

逗子市海宝院にある「小野神社の鐘」

小野神社の鐘が奉納された七十四年後の文明九年(一四七七)に山内上杉氏の軍勢によって埼玉方面に持ち去られ、その後鐘は北条宗瑞(早雲)のものとなった。宗瑞は、永正十三年(一五一六)七月十一日まで三年にわたり新井城に籠城していた三浦義同道寸を滅ぼし相模一国の覇主となった。この時、総攻撃に小野神社の鐘を撞いたという。

その後、鐘は八王子城主北条氏照が所有していたが、氏照の留守に八王子城は落城した。徳川家康は、秀吉から北条氏の旧領をもらい受けた。家康は、八王子城を検分し忌み城のため廃城にした。

八王子城にあった小野神社の鐘は、家康の家臣長谷川長綱がもらい受けた。その後、長谷川は三浦半島の支配を任された。そのころ、三浦郡沼間村に寺院を造る計画があり、長谷川はこれを強力に支援した。海寶院は天正十九年（一五九一）十一月に寺領十八石を与えられた。このとき、長谷川は小野神社の鐘を寄進した。海寶院は、長谷川の姓に因んで長谷山海寶院とした。小野神社の鐘が造られてから一八八年、持ち去られてから一一四年が経過していた。

小島鹿之助は幕末に、小野路村に返還するように交渉したが、叶わなかった。

（小島政孝）

八王子城の古図

町田地方史研究会では、平成二十九年（二〇一七）四月に滝山城、八王子城の見学会を行い好評だった。このたび、小島資料館の資料の中に、八王子城に関する資料があったので紹介する。

小島守政はかつて下小山田村の若林有信（櫻溪）の所有する『武蔵名勝図会』六巻目を写したが、明治四十三年（一九一〇）十月に、『武蔵名勝図会』六巻の八王子城に関する部分を詳細に写して、一巻にまとめている。当時の『名勝図会』の所蔵者は、大泉寺となっている。

また、写しの末尾の小島守政筆の「探古餘稿」によると、守政は明治十七年（一八八四）春に河井

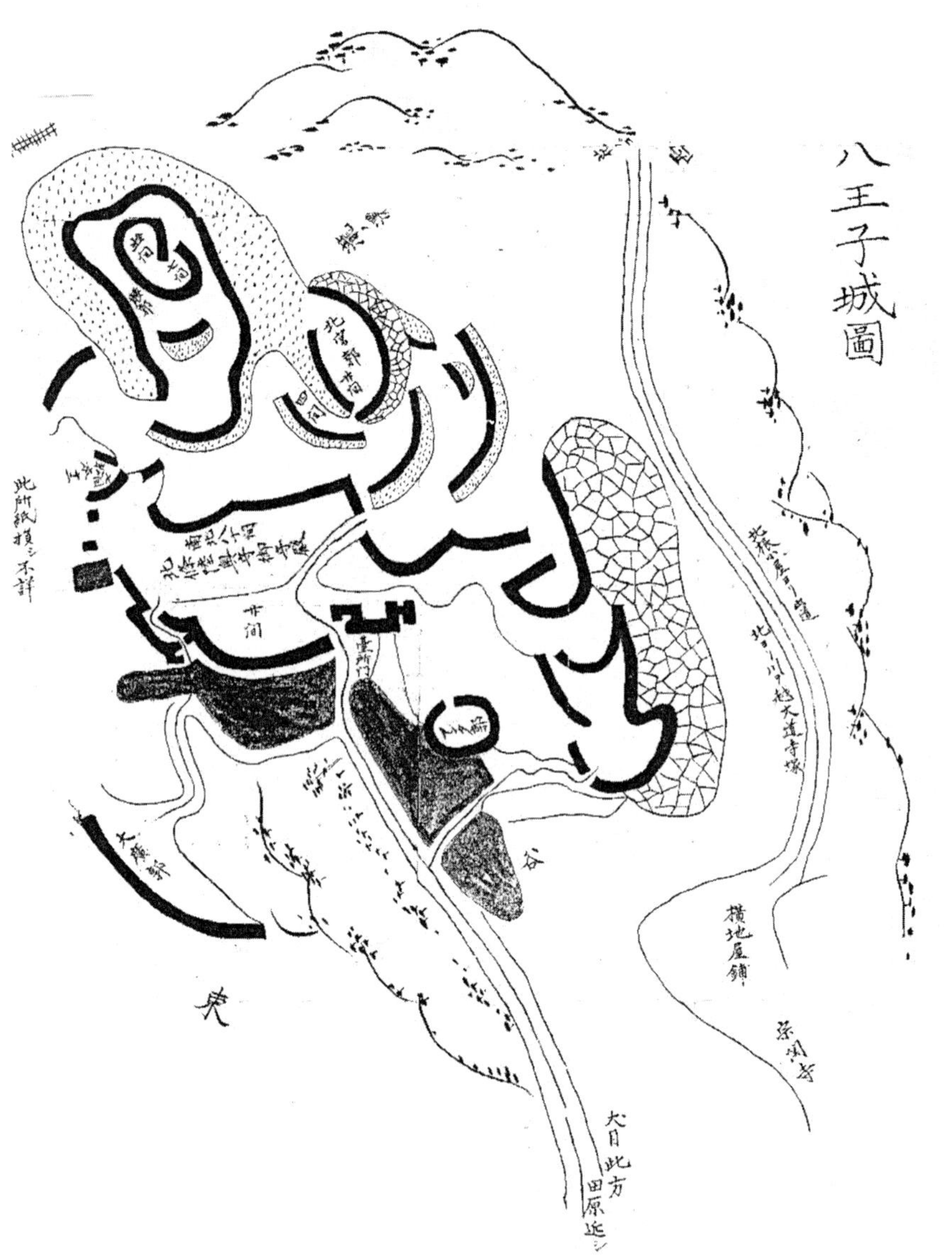

八王子城古図（小島守政写本）

潤卿とともに、城山（八王子城）に遊び、高尾山に登っている。

そして、二十四年後の明治四十一年（一九〇八）十月二十四日に吉浜成三（勝卿）と井汲周助と再び八王子城跡に登り、漢詩十八首を作っている。

　城山に登る、二十餘年両度遊ぶ。

荒城旧きに依りて、涙空しく流る。

山霊は相見え、合わせて相迎える。

昨日は青春、今は白頭。

十七年に守政は、三十歳。四十一年は五十四歳であった。

八王子城の部分は、一冊にまとめられているが、巻末に八王子子安の秋山佐造が所有していた八王子城古図がある。守政が、秋山が亡くなる一年前の明治十九年（一八八六）二月に借りて模写したものだ。八王子郷土資料館発行の図録「北条氏照と八王子城」には、石井干城氏と尊経閣文庫所蔵の古図が掲載されているが、これと異なり、石垣などが詳しく書かれており興味深い。（小島政孝）

小野路村の修験東勝院

『日記』明治四十二年（一九〇九）八月十二日の条に、

「夕刻小宮新七来ル、行人塚之墓、嘉十郎先祖之墓也、就テハ嘉十郎ニ、盆等ニ掃除致サルベキニ付、承知致シ呉レ候様これを話ス、右之墓ハ修験東勝院ガ寛文年中死去候事ニテ清浄院過去帳ニアリ、今万松寺ニ蔵ス」

とある。小野路村名主橋本仁兵衛が記した、元禄七年（一六九四）二月十一日の『手鏡』には、

「寛文六年（一六六六）始めて東勝院と云う、湯殿山より行者院号を取る。行屋　東勝院　御入国已来有り来たる寺にてもなし、御縄打ちの節、行者有て自分で東勝院と呼ぶ。高野山、湯殿山等にて俗人も金銀を出し坊号、院号を取る、此類也。」

さらに、「一札之事」という史料があった。

「東勝院の一乗海は、これまで武州八王子小門宿貴明院支配下であったが、無住になり、以来諸御触等其外行人控や宗旨證文などに差し支えた。このたび、湯殿山大日寺名代江戸触頭役所福本院の支配下になりたいとの願書を寛延二年（一七四九）三月に提出し、同月十九日に受理された。」

史料を整理すると、初代の東勝院は、寛文六年（一六六六）に「東勝院」と称し、その後、寛文年中に小野路の山中で即身成仏して死去した。村人は、塚を築いて「行人塚」（ぎょうにんづか）と呼んだ。その谷（やと）は行人谷という地名になった。小野路宿から瓜生方面に向かうと、宿、石久保、土橋となり、土橋の左手が行人谷である。現在は多摩市に編入され面影はない。行人谷の右側には「念仏塚」という地名がある。

（小島政孝）

キリシタンの踏絵

小島資料館にはキリシタンの踏絵（縦十四センチ×横九・五センチ）が一枚伝わっている。父に聞いた話では、昔小野路村で使用したものであるという。

踏絵は、板に鋲（びょう）で上下に固定されており、このまま人に踏ませたと思われる。板には上部に釘などにかけるフックがつけてある、板の右側の一部が割れており、これを曲げた釘で止めてある。踏絵の画像がキリストで、上半身は裸像で頭部を右に傾け、後ろに金の光輪があ

キリシタンの踏絵

る。手は前で組んで、右手で芦の杖を持っている。像は鮮明であまり人に踏まれていないようだ。材質は真鍮製と思われる。

私は日本中で踏み絵が実施されたら、多くの踏絵があったと思われるので同じ踏絵がほかにもあるのではないかと思ってさがしていた。平成二十七年十一月に大磯の澤田美喜記念館（隠れキリシタン資料館）の展示資料の中に、同型の踏絵を発見した。ほぼ同じものであるが、詳細にみると、一部に少し違いがある。光輪はなく、代わりに放射状に光を表す線が刻まれていた。

『国史大辞典』には、

「踏絵は、寛永年間に九州でキリシタン信仰の持主かどうかを調べるために、当初は紙に描かれたキリストやマリアの画像を踏ませることが始められた。板踏絵による長崎の実施は、寛永六年からとみるのが普通である。板踏絵は、十枚で、松、欅（ケヤキ）、その他の用材の縦二十五センチ×横十八センチ×高さ四センチの板の中央をくりぬいて、キリストの半身像、十字架から降ろされたキリストを抱く聖母などの画像を鋳（い）こんだ楕円形、あるいは矩形の大型メダルをはめこんだものである」

とある。

（小島政孝）

大山参り

小島日記には、伊勢参りと秋葉山参りの記事は多いが、大山参りの記事は少ない。『伊勢原市史』資料編・大山の史料、文久二年（一八六二）戌五月吉日「武州檀家帳」に小野路村の人が大山参りをした記録がある。

『日記』と『雑書』を調べたが、大山参りの記載はなかった。五月には、五回の雨降りの記事があり、雨乞で行ったのではないと思われる。

一行は、小野路村の人二十五人で筆頭は、小島家の向かいの萩生田源蔵で、護摩は、大札十枚、中札十四枚を申し込んでいる。小野路宿の人十一人、ほか大向と新屋敷等の人である。小島角左衛門と橋本文右衛門、小宮幸助は不参加だが、お札を頼んでいる。

蕨宿の伴門五郎は供一人を連れて、嘉永二年（一八四

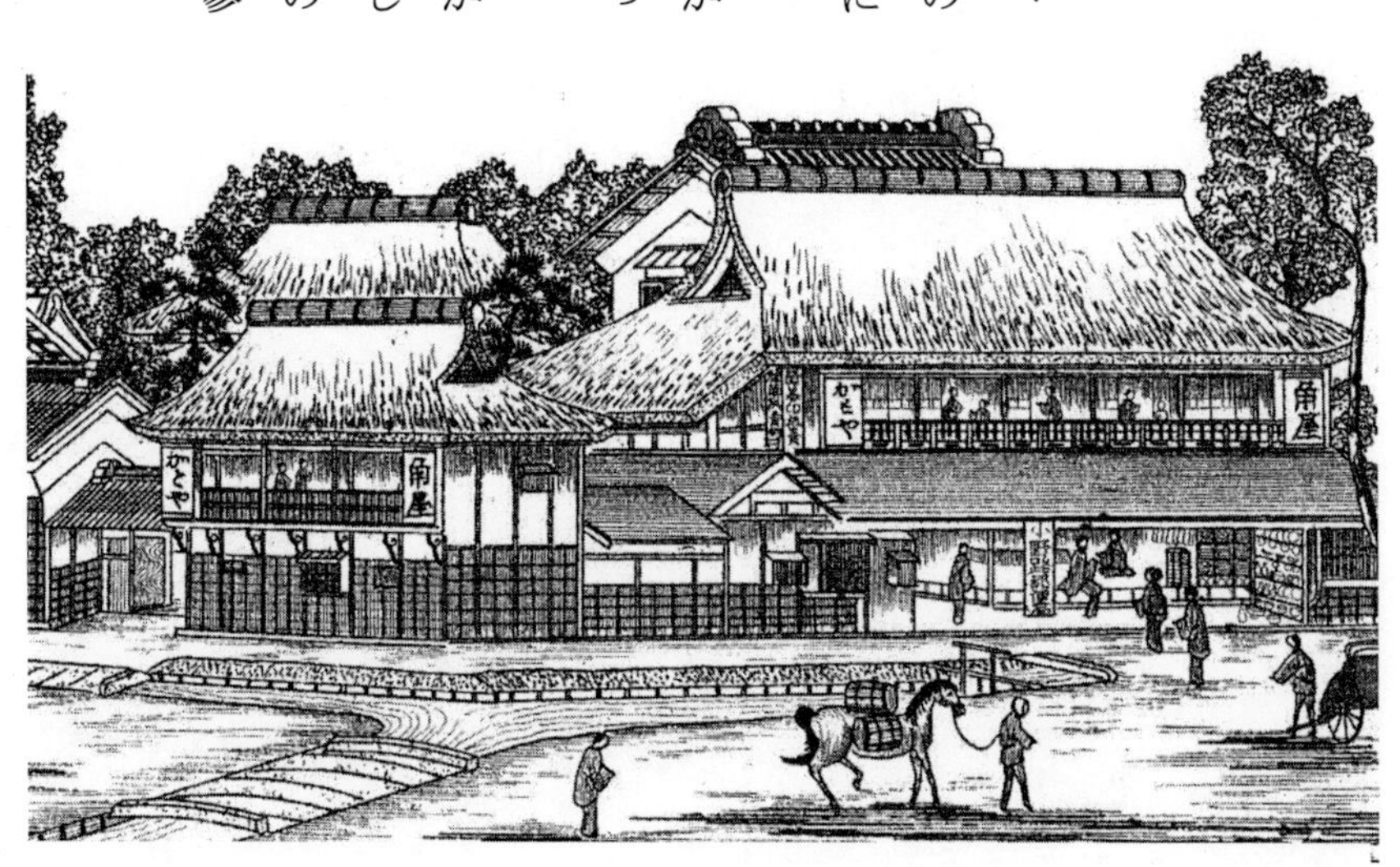

幕末の面影を残す旅籠角屋の銅版画

大山寺図（『東海道名所図会』より転載）に加筆

九）六月二十五日に大山参りに出立した。柳沢村で昼飯を食い、府中六所前にて小休をとり、一之渡しで多摩川を越すと、それより山道ばかり通り小野路村角屋熊蔵方（現小野路宿里山交流館）に泊った。旅籠代は一貫六百文を支払った。翌日は雨天にて早朝出立、追々山道を通り山坂通り木曽村を通り、追々山道原を通り，所々小休いたし、磯部村で昼食いたし、ここから厚木村まで相模川を舟で下り、大山に着いた。伴門五郎は、帰りは江ノ島、鎌倉、保土ヶ谷、品川、板橋、経由で帰途についた。

このように、小野路宿も大山講の旅籠として機能していた。

（小島政孝）

嘉永五年の小野路村の雨乞い

嘉永五年（一八五二）は、五月九日から晴天が続き十四日以後は、酷暑、炎暑といった日が続いた。二十六日には、

「湯舟杭稲水少なく枯れんとす」

と『日記』にある。その後も酷暑が続き六月一日には、

「旱魃に付雨乞正月寄合」

とある。『雑書』では、二日の条に、

「朝曇る雨少々降る、旱魃に付惣百姓惣代梅吉・文蔵両人共朔日昼過にて大山へ行く。胡麻焼に行、

村中三ヶ所に引訳鎮守心願之上神酒を備へ、祈祷、与頭指図致す也、八ツ半頃と覚、大山之方より黒雲棚引西風吹起こり、俄かに雨降出し候、村中大小百姓大旱雲振りを望み、かことり誠心願常更致す、古より村中の雨降に降らざることはなしと言伝へ申し候、翌日旱魃の節は大山石尊並びに不動明王様並びに氏神心願致すべき事也、恐るべきは神事也」

と記している。その後、晴天の日が続き、六月十六日に再度雨乞正月を行っている。

「昼より村中罷り出で小野明神祈祷致す、神酒を備へそれより頂戴、大工我等前より六左衛門前まで堰を張りその外に神願入れいたし申し候」。

翌日の十七日の天気は、

「朝より快晴、九ツ半頃より雲起こり、雷気催し風冷え也」

十八日の天気は、

「朝より快晴、雷鳴大雷一日外雨少し降る」

となっている。その後も酷暑が続き、二十五日に三度雨乞いの寄合いを行い、翌日雨乞いの池にて雨乞いを行った。

小島鹿之助は、七月九日に大山に雨乞いに行った。二十日に大雨、翌日は玉川洪水の由とある。

（小島政孝）

村人みんなで「火の用心」

『日記』によると、文久二年（一八六二）十二月二十四日に小島家の長屋門に住んでいた大工の米二郎の炉が燃え上がり小島家の葛小屋に燃え移った。隣家の幸助と角左衛門が発見し消し止めたので、大事にはいたらなかった。翌正月十一日には、幸助にお礼として酒を振る舞い、下男の馬五郎を遣わした。小島家では、長屋門と母屋の間にモチの木を植え、火災除けとした。

文久三年（一八六三）二月十七日の真夜中に、角左衛門は「火事だ！火事だ！」と騒ぎ立てる声に驚いて跳び起きた。名主利平司の五右衛門風呂から出火、まさに新座敷のある屋根に燃え移るところであった。家の者達が手桶に水を入

雲龍水（明治14年製）

れて懸命の消火作業をしている。そこへ小島鹿之助と志村喜三郎らは予て用意の龍吐水を運び込み漸く消し止めた。『雑書』には、

「村内一統見舞いに参り一夜寝仕らず候、しかしながら利平司殿仕合いは勿論、宿内残らず連性宜しく、偏に秋葉山大権現様のお蔭と拝礼仕り候、居合わせ候者へ酒・ムスビ等呉れ申し候」

とある。龍吐水とは手押しポンプのことで、あたかも龍が勢いよく水を吐き出す様を想像して命名したものであろう。小島家には、明治十四年製の雲龍水が現存する。

この年六月三日には江戸城西の丸が全焼した。角左衛門は六月五日に「不怪事にて恐れ入り奉り候」と心情を吐露している。

（高場康禎）

無尽について

無尽は金銭の融通を目的とする民間の互助組織で、江戸時代に流行った。参加者が掛け金を出し、くじや入札で決めた当選者に金銭を貸付け、全員に行き渡ったときに解散する。元治元年（一八六四）八月十四日に無尽の記事がある。

「昨日落合村長田屋と申す人無尽金百（両脱カ）取りのところ落札、村方米二郎順大工五十両ずつ」

また、九月五日は、長州征討に従軍予定の小野路村の地頭山口直邦へ資金を出すための無尽が行われ

ている。この様な理由で集められた資金であるので、初めから返却されることは考えていなかったのであろう。本来の無尽の持つ助け合いというよりは寄付金と言えるのではないか。

九月二十九日の夜九時に「多摩郡石田村土方作助（土方歳三の甥）来る」と記されている。来訪の理由は万延元年（一八六〇）九月の土方隼人（作助の父）の死にさかのぼると思われる。そのとき、土方家に二百三十両ほどの借財が残されていた。その返済のために九月二十五日に佐藤彦五郎が小島家を訪れた。それは、無尽に一口入って土方家を救済してほしいとの依頼であった。

この小島家への作助の来訪は、隼人の急死から四年しかたっていなかったが、近藤勇も土方歳三も多摩にはいなかった。新選組を率いて京で活躍していた。時代は足早に変わっていたが、小野路村ではこれまでの生活が営々と続いていた。しかし、二年後の慶応二年（一八六六）七月になると、武州一揆の影響で小野路農兵隊が結成され、武器を購入するために〃武器無尽〃が結成される。


（廣井理恵子）

各地に残る隠田

『雑書』を読んでいると、既に失われてしまった生活を理解することが難しいことがよくある。

元治二年（一八六五）正月二十二日の条に、

「もし兄が亡くなった時は隠面の地所を孫へ渡したい」

という記事に会員一同当惑してしまった。いつも魔法のように難文を読み解いて下さる会員が、

「これは隠田でしょう」

とおっしゃった。早速調べると、

「人目につかない場所で耕作し、年貢を納めない田」

ということだった。

こんな田は他にもあったのだろうと探してみると、面白いことが分かった。多くは平家の落人が隠れ耕した田とか、世をはばかる人々が暮らしていた場所であり、人目につき難いところにあった。

ところが、渋谷区に穏田神社を見つけた。家康が伊賀衆に対し隠田を賜ったことから祭儀が行われる様になった隠田村鎮守である。昭和三十年代の住居表示の施行により、竹下町・穏田・原宿は、明治神宮が近くにあるため神宮前という地名に統一された。尤も原宿は駅名に残って、竹下通りは若者の街として全国に知れ渡っている。

隠田はどうなったのか。北斎描く富嶽三十六景に「隠田の水車」と題されて、富士山を遠くに臨みながら、渋谷川に設置された水車を利用した人々の日々の営みが、描き残されていた。刊行は天保年間でこの頃近藤勇や土方歳三が生まれている。現在は「穏田神社」や隠田商店街に昔の地名を残している。(『雑書』の穏と隠は固有名詞の表記通り)

(廣井理恵子)

奈良杯（ならべえ）の渋柿

小野路村には奈良杯（ならべえ）と呼ばれる地名がある。新田義貞が鎌倉攻めのとき、

「者ども、並べえー」

と整列の号令を掛けたことからこの名が付いたといわれている。

小島家ではここに渋柿を多数植えていた。六月中旬を過ぎる頃（新暦では七月末）、決まってこの青くなった渋柿をもぎ取り、馬の背に乗せて菅村（現川崎市）の唐紙屋（とうしや）へ売りに行った。

唐紙屋では、柿渋の青い未熟果を突き臼で砕き、樽の中に貯蔵して二昼夜ほど発酵させ、これを圧搾して生渋を得る。生渋の上澄みを一番渋と呼ぶ。此の絞りカスに水を加えて発酵させ二番渋をとる。これらの液体を数年間保存して、熟成させた後に使用する。この柿渋を使用して丈夫な和唐紙に仕上げ、傘や壁紙などの紙料にして商いをしたようだ。

慶應元年（一八六五）六月十七日の角左衛門の『雑書』に次の記述がある。

「下男助二郎菅村唐子屋へ行く、渋柿三俵売りに行く也、馬五郎・弁太、色由（いろよし）柿採りに行く」。

渋柿三俵の代金は二分二朱、五万円程の値が付いた。

この辺の古木の柿には甘柿の「禅寺丸」と渋柿の「色よし」の二種類があった。色よしの柿渋は防水・防虫・防腐などの効果があり、雨傘・雨合羽・型染に用いる型紙そのほか団扇や農家で使う箕など、用途は多様で生活の必需品であった。

広辞苑によると、和唐紙は江戸末期に作られたわが国独自の紙で、川崎市多摩区が主産地であったとある。

（高場康禎）

小島家の裏山の竹林

小島家の裏山は山砂のため崩れやすいので、崖崩れ防止に竹が植えてある。竹は何時ごろから植えられたのか、気になっていたが、明治九年（一八七六）の『日記』にその由来が記されていた。

「文政初年（一八一八）に小島鹿之助の祖父政敏が、都筑郡岡上村の東光院から一束ばかりの孟宗竹を分けてもらい、これを裏山に植えた。以後年々繁茂して、嘉永年間より巨大の大竹を生じ、方今其大なるや。長さ八九間、周囲一尺四五寸より八九寸位まで三十本。去秋栽取して什器となす。その培養は、麦稈(むぎわら)と落葉を竹藪に撒布するのみ。」

とある。長さ九間は、十六m二十㎝。周囲一尺九寸は、五十七㎝である。小島資料館に保存されている大竹から作られた火鉢は、周囲六十三㎝なので、明治九年のものより、六㎝大きい。

幕末の漢詩人遠山雲如は小島家から筍をもらい、礼状を送っている。竹は繁茂したが、実は明治八年（一八七五）八月十日に小島家の裏山は、東と西の二ヶ所が崩れている。三日間降り続いた大雨で地盤が緩み、夕飯時に東側が崩れ味噌蔵を横圧した。九時頃に西隣が崩れ隣りの小宮要右衛門宅を襲った。小島家では、奥蔵の後が土盛山の如くであった。しかし、小島家の土蔵二棟は倒れず、中のものは支障がなかった。

（小島政孝）

年中行事

名主小島家の正月風景

安政七年（一八六〇）の小島家の家族は、角左衛門夫婦、鹿之助夫婦と子の増吉（七歳）の五人であった。同年元日の様子を『雑書』から紹介する。

元日は朝より快晴であった。角左衛門は、氏神の小野大明神に拝礼に行き、それより地中稲荷、新屋敷の八幡宮、長坂の山の神、同稲荷二か所に参詣した。終わってから兎吸物、椒酒（屠蘇）を飲み、孫増吉はじめ僕女（使用人）に至るまで小島家一統新春の礼を済ました。元来酒を好まない小島家でも、元日は皆で屠蘇を酌んでいる。そのあと、天照大神宮、年徳大善神に拝礼を済まし、親戚の中宿両家（橋本家）へ年始の挨拶に行った。

帰って書斎に入り三家（小島家、橋本本家、分家）の諸帳面をチェックし、分家の橋本文右衛門と吉書初（書初）をした。夜に入り、名主角屋の利平二、煙草屋の六左衛門、中宿両家を呼んで、兎の吸い物と酒を出し、例年の通り十呂々（とろゝ）汁で祝った。とろゝ汁は兎の吸物（小野路村地頭山口近江守の先祖が徳川家康公に正月に兎の吸物を提供した故事による）と共に、小島家の正月の習わしであった。

その間に郷（村）の者一同が年始に来た。この対応は鹿之助が務めた。角左衛門は、下僕の丹次郎を使いに出し、宿並通りに年玉を配った。更に鹿之助は小島家の店卸を始めた。このように、大忙しの元日風景である。

文章の最後は得意の狂歌で締めている。

若水に顔を移して老の身に
　波よるしわ（皺）を延す春の日

ちなみに老いの身というが、角左衛門は数え年の五十九歳である。

（辻　清司）

葬式に赤飯か？

文久元年（一八六一）の『雑書』三月二十一日に、

「府中番場宿信州屋九兵衛方老人病死、今日見舞に付赤飯壱駄遣す、馬道助方より行く」

とある。府中の番場宿は六所宮の西方にあった。旅籠の信州屋からは橋本分家に九兵衛三女コトが嫁いでいる。九兵衛は久しく病床にあったが養生叶わず死去したと倅の牛之助が知らせて来た。

翌朝、鹿之助と橋本本家の道助は府中宿へ向かった。小島家からは見舞いとして赤飯を送った。「壱駄」というから馬の背に積んでいく程の量である。研究会例会では葬式に赤飯か？と驚きの声があがった。しかし、小野路の会員から、

「仲人をしてもらったような人の葬儀には赤飯を炊いて贈ることが今でもある。葬儀の日は忙しいので、そのまま食事にすることができる」。

また小川の会員からは、

「嫁さんの実家などの葬式には赤飯を『施鬼飯』と書いて持参したが、近ごろは『施鬼飯料』としてお金を届ける。」

といわれた。地獄道や餓鬼道の鬼に食事を施すという仏教行事「施餓鬼」との連想から『施鬼飯』と

いう字があてられたと思う。赤飯と音が通じる。赤飯は祝い事に限らずハレの日の儀礼食としての意味があったのか。

板橋春夫氏の『葬式と赤飯』の研究や文化庁の調査でも、葬式に赤飯は全国に例があるという。縄文中期に日本に伝来した古代米＝赤米を蒸したのが赤飯のルーツとされるから、原初的なコメの食事のかたちを遺そうとした儀礼食かもしれない。

（重政文三郎）

奉公人の「出替り」

小島角左衛門の『雑書』文久三年（一八六三）二月二日に次の記事がある。

「下男八郎・竹二郎・馬五郎・茂吉・下女ふで・きよ、残らず愛で度く出替り・・」

とあり、小島家の奉公人六人は、全員揃って無事に一年の年季を終えた喜びが記されている。また翌四年二月二日の記事には、

「下男八郎出替りゆえ休む也、和吉も同断、下女おきよも出替り、別処（小野路村の小字）へ行く也」

とある。雇用更新になった二人には特別休暇、下女のおきよはこの日から奉公先が替ったのであろう。

出替り（出代り）とは江戸時代、女中・下僕などがあらかじめ契約した期間の奉公を終えて交替又は期限更新することを称した。その期日は一季奉公は春、半季奉公は春秋二回で、古くから二月二日・八月二日と定められていた。しかし寛文八年（一六六八）からは三月五日、九月五日と改められ（『広辞苑』）、更に商工業の発展に伴い雇用先の実態に合わせて、奉公期間・更新期日などは次第に変化して行ったようである。

小島資料館には、天保三年（一八三二）に十三歳で子守奉公に来たとら（後の宮坂お熊）の「子守契約証文」が残っている。この時、角左衛門の長男鹿之助は三歳、上には六歳のさくと八歳のまつの二人の姉がいた。とらの父親捨五郎が受け取った娘の身代金三分の請状の書き出しは、

「此のとらと申す娘、貴殿方へ当辰二月二日より来る巳二月二日迄子守奉公に差上げ云々」

とある。小島家の出替りは二月二日としていたことが分かる。

（高場康禎）

上巳（じょうし）の餅搗き

上巳は明治五年まで採用していた太陰暦の五節句の一つである。三月三日の上巳の外には、正月七日の七草、五月五日の端午、七月七日の七夕、そして九月九日の重陽の節句である。小島家では上巳の前日、餅搗きをするのが通例であった。角左衛門の文久三年（一八六三）『雑書』を見ると、

「三月二日、下男馬五郎・和吉三人共ハ餅搗き也」

「三月三日、節句愛で度し」

とある。元治元年（一八六四）には

「三月二日、下男八郎・和吉・助二郎・七蔵・丹二郎・お中・お熊七人、上巳の餅搗き也」「三月三日、村中の者上巳の礼に来る」

とあり、下男どもは休日となる。同二年（一八六五）では、

「下男助二郎・日雇い源兵衛餅搗き也、手合い七蔵・丹二郎・六蔵等五人也」「三月三日愛で度し」。

上巳は、古く中国で、はじめ三月の初めの巳（み）の日を称し、魏晋以後は三月三日を上巳として、みそぎをして不祥を払う行事。それが日本に伝わって、朝廷・貴族の行事として三月三日に川辺に出て祓えを行い、曲水の宴を張るならわしとなった。また、民間では古くから婦女子の祝い日として草餅・桃酒などを食したが、のちこの日に雛祭りをするようになった。

因みに三月三日を上巳とは称しながら「日本暦日便覧」によると、文久三年三月三日は己酉（つちのとり）、元治元年は癸卯（みずのとう）、同二年は戊戌（つちのえいぬ）となっている。社会の生活習慣は時代の変化とともに際限なく変化を遂げて行く。

（高場康禎）

小島家の盆棚祭り

盆棚祭りは旧暦七月に祖先の霊を迎える盆の魂祭りである。慶應元年（一八六五）の『雑書』に、例年迎えるお盆のひとこまが書かれている。

十三日夕刻前には、使用人弁太に提灯を持たせ沼城の墓地まで先祖の霊を迎えにやる。それを家族の者が線香に火をつけて門で待ち受ける。先祖の霊を迎え入れ盆棚に燈明が上り魂祭りが始まる。それが終わると橋本本家・分家にお参りに行くのである。

十四日は盆礼として鹿之助の門人たちが、それぞれに重の内や素麺などを携えてお参りに来る。府中宿の松本屋からは唐茄子が届いた。小野路村から横浜に商売に出ている中村屋忠兵衛夫婦らも里帰りし、土産として蝋燭や筆の外に「沙盆」が届く。「沙盆」はシャボンと読み石鹸のことで、これは舶来品である。

また例年の事ながらこの日は村方の者、寺院方など諸方から親類縁者が盆棚祭りにやって来る。例年小島家からは青銅貨(銭)が贈られた。そして誰それの娘や息子の話、縁談のことなど色々と近親の世間話に花が咲き、遠方の者たちは小島家泊り。先祖の霊前で日頃多忙を極める寄場名主の家に、至福の時間がゆったりと流れて行く。

翌十五日には、それぞれの行く先を目指して散って行く。中にはさらに遠くへ行く者や駕籠で帰る者など様々である。岩槻から来た三人は磯部村（現厚木市）まで足を延ばす。その人たちを休日の使用人助二郎に送らせる。助二郎には「道者駄賃」がはずまれた。

（高場康禎）

家康の命日と村の休日

徳川家康は元和二年（一六一六）四月十七日に駿府城（静岡）にて、七十五歳で病死し、その地の久能山に埋葬された。翌元和三年に家康の遺骨は、日光東照宮に改葬されることになる。ご尊櫃を日光へ運ぶ一行は、平塚の中原御殿から、厚木、座間を通り、木曽村、小野路村を通行し、府中に宿泊した。この道は現在も「御尊櫃御成道」と呼ばれ、町田にも家康とゆかりの地が残されている。

角左衛門の『雑書』の慶応元年（一八六五）の四月十七日には、

「神祖御祭り　吉日晴　神酒備る也、今日は東照宮様御祭礼に付、村中残らず休日、大小の百姓家ごとに粟のお萩揃え備える也」

とある。

また『日記』にも四月十七日の項には、

「天保八年東照宮様御祭礼に付家来共に至る迄村中休日、粟の牡丹餅備える・・・・」

「天保九年東照宮様御祭りに付家内一統相休み申し候」

と見え、この日が徳川家康の命日であり、村中休日であったことが分かる。現在の国民の祝日ということだろうか。

角左衛門の『雑書』の慶応元年は、丁度東照宮様の二百五十回忌にあたり、関東御取締出役の広瀬鐘平様より小島家へ御用状が来たりしてあわただしい。二百五十回忌の様子は、『孝明天皇紀』にも幣使（天皇の使者）が日光へ遣わされたり、『藤岡屋日記』にも大勢の大名などが各地から日光に向かって行く様子が書かれている。日光東照宮では大々的に「東照宮二百五十御忌」が執り行われた。

（辻　清司）

小島家の煤払い

慶応元年（一八六五）十二月十三日の『雑書』に次の記事がある。

「下男助次郎・和吉・弁太郎・七蔵・お熊、都合五人目出度く煤払い。天照皇太神宮様を神棚へ納め神酒供える。珍重々々目出度し。朝すす団子、夜に入り例年の通り油入り野菜。昼食は豆腐汁で祝い申上げ候」

煤払いは現在でいう年末の大掃除で、江戸時代には必ず旧暦十二月十三日に行われる行事であった。

正月の神様を迎えるために屋内の煤ほこりを払い清めることで、「煤取り節供」とも言い、信仰的な行事を伴っていた。小島家は、寄場名主のため大家屋である。毎年この時期になると、下男をはじめ近隣のお手伝いさんを頼んで、一日がかりの作業であった。

文久三年（一八六三）十二月十三日の『雑書』を見ると、この日は外に作業が立て込んでいたと見え、煤払いの作業は後日に回して、神事の祝いだけ目出度く行っている。そして翌十四日の日記には煤取りの祝い物である小豆団子を拵え、お熊を頼んで小川勒負（女医）・小橋庵（尼）・新宅・中宿・忠兵衛・宮坂など、日頃小島家へ頻繁に出入りする者たちへ振舞っている。

因みに宮坂のお熊は、鹿之助の子守をした時からの縁で、今は馬場（ばんば）に住み助産師をする傍ら何かに付けて小島家に出入りする信望厚い女性である。

さてこの年の煤掃き作業は、十五日に改めて下男馬五郎・八郎の外に、お熊・お喜代・おさとの五人で目出度く済んだとあり、尤もお祝いの儀は十三日に例年の通り祝ったと付記している。

（高場康禎）

農閑は婚礼の季節

慶応元年（一八六五）十二月の初め、小島角左衛門は仲立をする又吉・長右衛門の両人から、瓜生の組頭を勤める重兵衛の倅鯛太郎と、別所の利右衛門娘おみのとの縁談の相談を受けた。利右衛門は小島家の小作人、正直者で日頃から何かと目を掛けている。この縁談に角左衛門は親身になって利右衛門を呼び寄せた。利右衛門の返事はこうである。

「大人の思召しのとおりで結構です。ただ先様は大家、対する私方は無縁です。娘を差上げるには躊躇もありますが、先様の思召しとあればどうぞよろしくお願いいたします。」

その四日後、利右衛門が再度やって来た。

「娘の心底も確かめました。しかし蚕の代金が入らないと嫁支度が整いません。挙式は年明け二月過ぎにお願いしたいのです。でも先様が『裸にても御承知御座候はば』、ご相談ということにさせて下さい。」

縁談は角左衛門の後ろ盾もあり一先ず整った。角左衛門から吉報を受けた仲人の又吉・長右衛門は大変喜び、師走十五日に婚約のしるしとして酒一樽を利右衛門宅へ届けた。婚礼は二月二十五日に執り行われ、式の後、鯛太郎は案内人源之丞に伴われて、小島家に御礼と披露目の挨拶に来た。

角左衛門が村人を大切にした一例である。このように、『雑書』は村の様子を手に取るように筆書している。

（高場康禎）

ふしぎな話

関東の呼ばわり山　今熊山

八王子から甲州街道と分かれて、秋川街道を進んだ先に今熊山がある。標高五〇五メートルの山頂には今熊神社があり、「関東の呼ばわり山」と言われ、失せ物祈願の霊山であった。大声で失せ物の名前を呼ぶと、必ず見つかるという言い伝えがあった。

第二十七代安閑天皇妃が疫病退散の代参に行かれた後、暴風雨に遭って行方不明になられた。天皇は今熊神社に遣わし呼び戻し祈願をなされ、御妃は無事帰還したとの伝説に由来している。

元治元年（一八六四）五月五日、小島家の隣家の清之助が先月二十九日に所沢の嫁方へ出掛けたまま帰らないという。四日に息子宇吉が所沢を訪ねたところ、清之助は朔日の朝帰ったとのこと。この日は大雨だった。翌日は妹の奉公先馬喰町を訪ねたが、不明のまま六日に帰村した。七日になって親類と五人組の者達が、手分けして捜索を始めた。友之助と定之丞は八王子の「呼ばわり山」へ登り、思いっきり大きな声で清之助を呼んだ。

「清之助やーい、早く帰ってこーい」。

しかし木霊は返って来るが清之助の姿は見えず、二人は翌日村へ帰って来た。

その八日になって有力情報が入って来た。宿の旅籠「中屋」の主人と、所沢方面へ行った六左衛門の情報である。五十歳位の旅着姿の川流れ人が見つかったという。夜に入って二子村からも
「小野路の尋ね人ではないか」
と飛脚が来た。江戸時代、多摩川には橋がなかったので、清之助は増水した川に落ちて流されたのだろう。
「呼ばわり山」の伝説は、その後も堅く信じられていた。

（高場康禎）

飯泉観音の大竹

『雑書』の慶応元年（一八六五）六月十九日に、次の記事がある。

「相州小田原在伊泉勧音寺院庭前竹縁の場所へ間竹太さ三尺（九〇センチメートル）廻りの竹できる由。大蔵村のもの京都帰りの節、立寄り見物致すものの咄御座候。」

とある。


小田原在伊泉は、現在小田原市飯泉（いいずみ）で、小田原厚木道路の小田原東インターの近くで、直線距離では、小田原駅の東北三キロメートルの場所にある。酒匂川が西側を流れている。

勧音寺は、小田原市飯泉の真言宗東寺派の寺院で、山号は飯泉山で勝福寺という。本尊は十一面観

音で、坂東三十三ヶ所第五番札所である。飯泉観音（いいずみかんのん）とも呼ばれている。奈良時代に孝謙上皇の没後下野国に左遷された僧道鏡が、上皇から賜った十一面観音像を足柄下郡千代村に堂宇を建立して安置したのが始まりという。道鏡の出身の弓削氏の氏寺であったが、平安時代の天長七年（八三〇）に現在地に移り、室町時代に勝福寺と号するようになり、後北条氏の帰依を受けた。仇打ちで有名な曽我兄弟や、二宮尊徳の伝説が残されている。

本堂と十一面観音立像は、神奈川県の指定文化財に、「大いちょう」と「勝福寺と八幡神社の樹叢」は県の指定記念物になっている。

太さ三尺廻りの真竹があるかどうか、勝福寺に問い合わせたところ、そういう話は伝わっていないという。小島資料館に伝わっている大竹は、周囲六十三センチメートルで火鉢に加工されている。また、今回の大地震の一年前に我家の裏山に生えた竹は、周囲六十三センチメートルの大竹のため、切って資料館に展示した。

（小島政孝）

大竹製の火鉢（周囲63㎝）

勝五郎生まれ変わり物語と小島守政

およそ二百年前、文化・文政期に多摩地方で起こった「勝五郎生まれ変わりの話」は、江戸から京都へ、そして海外へと知れ渡り現代に伝えられている。

文政五年（一八二二）武州多摩郡中野村（現八王子市）に住む八歳の勝五郎が家族に、

「自分の前世は程久保村（現日野市）の藤蔵で六歳のとき疱瘡で死んだ」

と語った。最初は家族も信じなかったが、藤蔵の家が実在すること、疱瘡で亡くなった子供がいること、など符合することが多かった。文政六年（一八二三）一月、勝五郎と祖母が程久保村を訪ねると勝五郎は行ったこともないはずの程久保村のことを知っていて、祖母を藤蔵の家に案内した。はじめて来たはずの家の内外のことをよく知っていて皆を驚かせた。

このうわさを聞いて鳥取藩支藩の池田冠山という大名が勝五郎の家を訪ねてきて、聞いた話を「勝五郎再生前生話」としてまとめ、江戸の文人仲間に見せた。これにより勝五郎の生まれ変わりの噂は江戸市中に広まった。江戸の国学者平田篤胤の知るところになり直接勝五郎の話を聞き「勝五郎再生紀聞」にまとめ、上洛の際に光格天皇と皇太后へ上覧した。都の人々も大変興味を持ったという。

更にこの話は明治三十年（一八六七）に小泉八雲が随筆集「仏の畠の落穂」の中に「勝五郎の転生」

として書いたので海外の人にも認知されることになった。

＊

この物語と小島守政（一八五五〜一九一八）との関わりは以下の通りである。

明治二十八年（一八九五）頃のようであるが、勝五郎の妹常子が勝五郎を祀る人が絶えてしまったことを悼んで、百草園（日野市）に勝五郎記念碑を建立しようと、日野の名主であった佐藤彦五郎（一八二七〜一九〇二）の長男俊宜（玉陵）に相談し、その意向を受けた玉陵が記念碑の碑文の草稿を書いた。玉陵は小野路村の小島守政（父は鹿之助）にその添削を依頼した。

守政は玉陵宛てに添削後の碑文とともに、本田退庵先生への更なる校正を促すなど書かれた手紙を返した。いずれも佐藤彦五郎新選組資料館に遺されている。また、小島家にも守政が手を入れた碑文の草稿が遺されている。残念ながら百草園に勝五郎記念碑が建立された形跡はないので、記念碑建立の実現には至らなかったようである。

ちなみに上記の小島鹿之助（小野路）と佐藤彦五郎（日野）は新選組隊長近藤勇を含めて義兄弟の契りを結んでいた話は有名だが、二人の子が明治になっても交流を深めていたことも興味深い。

なお、平成二十七年（二〇一五）は勝五郎生誕二百年に当たる年であった。

（辻　清司）

土中よりいびきの声

小野路村は大山参りの街道筋にもあたり通行人も多く、名主を務める小島家には公的、私的な付き合いも多く沢山の情報がもたらされた。『雑書』には、あり得ないような面白い話が時々書き留められている。

万延二年（一八六一）正月二十六日の条には以下の話があるので紹介する。

大久保加賀守領分相州大住郡小田原宿御城内より西の裏手の山にて人間の鼾（いびき）の声聞え候趣、追々風聞高くに相成り候間、杣人（きこり）寄り集まり

「いかにも金玉（得難い貴重なもの）にもこれ有るべく候間、領主へ訴え掘り申すべし、然る上は金子二つ割（折半）貰い申すべし」

などこれ申し、則ち領主へ訴え出候処、早速役人御検分これ有り、百姓共に掘らせ候処、七尺ばかり程掘り桶へ掘り当り、蓋を取り候処、衣類着用、人間の姿其侭（まま）これ有り、古物故、風入れ候得ば、衣類吹き散り素肌に相成り人間の生埋め、右の段御訴えに相成り、御城主大久保加賀守様御検分の上仰せ聞かされ候、

二十（はたち）以前の婦人肌にて暖め候得ば蘇生致すべき旨仰せ出され、五、六人呼出しの上介

抱致し候処生き返り、

「今は誰の世ぞ」

とこれ申し候間、一同驚き入る中、答え候ものこれ有り、

「源氏の御世」

とこれ申し候得ば、

「聞くも物憂く」

と直ちに寝眠り、それより死去候間、致し方御座無く、直ぐ穴へ入れ埋め候処、此の節専ら参詣人此れ有る由、
虚説（根のない噂）とは申しながらいかにも珍事ゆえ印置く、後の人見て笑うべき事なり。


（辻　清司）

蛙が蛇を呑みこんだ

平成二十五年はヘビ年。小島角左衛門が慶應元年（一八六五）七月の『雑書』に記した世にも不思議な「蛙と蛇」の話をご紹介しよう。

まだ日の高い午後五時過ぎ頃、角左衛門は湯舟の杢左衛門分の田んぼの見回りに行った。ふと気が

つくと、あぜ道で小ぶりの蛇と赤蛙が互いに睨み合っている。これは蛇に睨まれた蛙だと思い立ち止まって見ていたところ、双方一気に跳びかかり噛み付いた。

角左衛門は赤蛙の最後に思いを寄せてもう一度見た。ところがよくよく見て驚いた。蛙が蛇を呑みこんでいるのである。

恐ろしい事もあるもんだと、帰宅して家人に話して聞かせたが、誰ひとり信用する者はいない。角左衛門は日雇いの弁太を呼び、すぐに行って確かめて来るよう命じた。息急き切って戻って来た弁太が話すには

「蛙が蛇を呑みこんでいる。間違いねえ・・・」。

弁太は真剣な眼差しである。

角左衛門は書いている。

「我れ六十四歳に成り候えども初めての事。譬えにも、蛇、蛙を呑み候事はままこれあり候えども、蛙、蛇を取り候ことは話にも聞き申さず。余り変事なることとゆえ、立ち帰り家内の者共へ申し聞かす、一同不思議の事と驚き入り、当時世にもこれあるべきかと恐れ入り、珍事の事ゆえ控え置き申し候」

赤蛙は背が赤褐色で中形の一群の総称。湿地にすみ虫や昆虫を捕食するが、餌不足になると、時に共食いもするようだ。

（高場康禎）

白蛇大明神

文久二年（一八六二）四月十七日は、徳川家康の命日なので、『雑書』に次の記事がある。

「日光東照大権現様御忌日ニ付、村中大小のもの一同休日、例の通り粟、赤飯、それぞれ配当致す、奥床の間へ御酒を備え拝礼」、

そして、小山田の話がある。

「小山田村境松小木一本枯れ口の処、少々穴明き候処、白蛇大明神などと風聞これあり、当三月十日頃より、追々群集参詣人多く御座候、ねがい人も余程これあり、世間風聞、小野路流行松杯と申す族（やから）も御座候、全く小山田境松なり、戯れによめる

蛇の道ハへびか知るとや世の譬へ
　馬鹿にだまされ参る馬鹿もの

太平に納る御代のありかたき
　枯松さへも世に出てけり」

小島角左衛門は、小山田村境松と書いているが、境松は小野路村荻久保の地名で、下小山田村と小野路村の境である。ここの松の木が枯れて穴の開いたところに白蛇が住んだ。これを見た人が、「白蛇大明神」などと言って広めたので、参詣人が大勢集まるようになった。また、願い人も大勢来るようになった。この風潮を角左衛門は、

「馬鹿にだまされ参る馬鹿もの」

と詠んだ。

（小島政孝）

おみやげ物いろいろ

南蛮菓子「金平糖」

『雑書』に金平糖の記事がある。

安政七年（一八六〇）元旦に小野路村大向の金次郎より金平糖壱袋を貰った。文久三年（一八六三）七月二十六日に、角左衛門の妻きくは、上溝村の榎本家（綿屋）の病気見舞から帰宅し、下堤の九郎兵衛方に見舞いに行き、その時氷金平糖を一折持参した。金平糖は、氷砂糖と色づけをした水を混ぜ

て乾燥させた飴の一種なので、

「氷金平糖」

とも呼ばれていたのだろう。

慶応二年（一八六六）六月二日に

「若主人（鹿之助）野津田又二郎方へ行く、氷掛金米唐持参行く、江府便り承りし候」

とある。

金平糖の語源はポルトガル語の「コンフェイト(Confeito))」である。金平糖はカステラ・有平糖などとともに南蛮菓子としてポルトガルから天文十五年（一五四六）に西日本（長崎、京都）へ伝えられ、文政年間（一八二〇年代）頃江戸で広まったという。永禄十二年（一五六九）にキリスト教宣教師のルイス・フロイスが、京都の二条城において織田信長に布教許可のため謁見した際に、献上物としてろうそく数本とフラスコ(ガラス瓶)に入った「金平糖」を献上した。

井原西鶴の『日本永代蔵』(一六八八)に、

「胡麻に砂糖を入れたものを煎りながら乾燥させ、更に鍋に入れ暖めると胡麻から砂糖が吹き出してこんぺいとうになる」

とある（『古今名物御前菓子秘伝抄』一七一八）。江戸時代後期の『守貞漫稿』(一八五三)には、製造方法の苦労話、五色とりの付け方等が記されている。日持ちの長さ、見た目の良さ等から、結婚や出産などの慶祝、神社や寺で祈祷した際の授与品、引出物として利用されたという。(荒井　仁)

府中宿信州屋の形見「五郎服」とは

『雑書』の文久元年(一八六一)三月二十五日の記事に、

「府中宿矢島牛之助より親九兵衛遺物（形見）として花色五郎服（ゴロフク）男帯壱筋貰う、使い弟倉之助」

と書かれている。甲州道中府中宿番場の旅籠信州屋の主人九兵衛が十九日に亡くなり、長男の牛之助が親の形見として「花色五郎服男帯一筋」を角左衛門へ贈ったのである。

私は、現在の信州屋を訪ねた。「番場宿」の説明を刻した石塔板があり本陣も置かれた場所で、隣の八階建てマンションの一階に「矢島歯科医院」を見た。ビル案内プレートには「信州屋ビル」とある。

写真を撮ろうとした時、「何か御用ですか？」と女性の声がした。私はラッキーと思ってさっそく『雑書』の原文をお見せし、「信州屋」について調査に来ましたと説明した。女性の方は親切で、府中の名木百選「矢島家のナツメ」やお稲荷さん、本陣の屋敷跡の位置、明治期に「郵便取扱所」になり今は府中市郷土の森博物館に移築した、と説明された。

角左衛門が形見としてもらった「五郎服」とは、呉呂服連(ごろふくれん)ともいい、オランダ語

grof grein の当て字だ。近世初期以来、オランダ船によって舶載された毛織物である。ラクダ毛やアンゴラヤギ毛を梳いた梳毛(そもう)糸からなる薄地の平織で、合羽や羽織に使われた。『山口県立山口博物館研究報告』第四四号によれば、長州の奇兵隊員も当時流行の紫色のゴロフクの袴をはき、朱鞘の刀をさして行進したという。表面がなめらかで素肌にも心地よい、当時の先端を行く船来織物だった。

(荒井　仁)

薄井磯右衛門から貰った「亀の甲せんべい」

『雑書』の文久元年(一八六一)四月三日の記事に

「上小山田村堰場磯右衛門(名主薄井盛恭)女房から二男の嫁入り支度の挨拶として東神奈川亀の甲せんべい壱箱を貰う」

と書かれている。

私は「亀の甲せんべい」に興味をもち神奈川宿を訪ね、調べた。

東海道神奈川宿名物「亀の甲せんべい」は、享保年間(一七一六~三六)創業した神奈川宿の「若菜屋」で製造販売された。創業者は鬼退治などの武勇伝で有名な渡辺綱を祖とし、源氏の流れをくむ武士で、刀を捨て商売を始めるに当たり、近くに流れる「滝の川」の「滝の橋」にちなんだ姓として「橋本」を名乗ったと伝えられ、初代以来当主は代々「橋本治助」を名乗った。

「亀の甲せんべい」は、神奈川宿の浦島伝説にあやかって亀の甲羅の形状にしたお菓子である。原料の小麦粉は、明治期から南多摩郡鶴川村産を用いたという。砂糖も家伝の調味に意を払い、小麦粉一貫目に砂糖一貫二百匁と卵を混ぜ、これを亀甲型のついた鉄の型に入れ、炭火で両面を焼いた。仕上げに砂糖を加えた「亀の甲せんべい」を製造した。

神奈川宿本陣は東海道の要所であり、大奥や参勤交代のときに御用承り好評を博し、街道を行き交う旅人等も買い求めた。生麦村の『関口日記』に、文久年間壱箱二〇〇文と記載され、一枚四文（一文は一五円位）であったと思われる。

角左衛門は大奥、諸大名等が口にした神奈川宿名物「亀の甲せんべい」を美味しく食べたことであろう。

（荒井　仁）

相州厚木宿の牛肉漬

『雑書』の文久二年（一八六二）年七月三日に、

「別処友之助大山参詣に行き七ツ時（夕六時頃）帰宅、唯今厚木満中（饅頭）土産として呉れ申し候」

と書かれている。別所の友之助が大山参詣に行った帰りに土産を届けた。その他にも何人かが厚木宿へ物を売りに行ったことが散見する。

実は「江州彦根・生製牛肉漬」の看板が掲げられた幕末の厚木宿の写真が筆者の手許にある。この時代、意外にも牛肉を食べることは認められていた。

その理由は簡単だ。幕府の陣太鼓に使う牛皮を毎年献上するために、江戸時代公式に牛の屠殺が認められていた藩が一つだけあった。井伊家彦根藩である。牛皮を使った後の牛肉は、養生品として元禄時代から将軍や御三家へ献上品として納めていたという。残りの牛肉は反本丸(へんぽんがん)という薬と称して売り出

幕末の厚木宿(『写真集 甦る幕末』より転載)

した。現在でも近江牛として喜ばれている。ところが大老井伊直弼は仏教の教えを忠実に守り、牛を殺したり食べたりすることを禁止してしまったという。陣太鼓の修理はどうなったのだろうか。

桜田門外の変があった万延元年（一八六〇）から二年後の文久二年（一八六二）に、外人居留地のある横浜で、牛鍋屋「伊勢熊」が開店した。明治四年（一八七一）には桑名松阪で牛鍋屋「柿安」が開店し、今に続いている。

友之助は大山詣の帰りであり、牛肉屋へ寄ったとは考えにくいが、この時代の変化をどのように受け入れていたのだろうか。

（廣井理恵子）

藤沢名物「松露ようかん」のこと

『雑書』文久二年（一八六二）閏八月十八日の条には、

「同村（野津田村）源右衛門来、相州名物藤沢宿しよふろ積（漬）壱箱貰申候」

とある。「しょふろ漬」とは何だろう。

調べてみると「しょうろ」は「松露」であることが分かった。松露というのは、海岸の松林などに自生するきのこの種類。この日、源右衛門から土産にもらったのは、この松露を羊羹に練りこんで作った「松露羊羹」のことのようである。現在、神奈川県指定銘菓になっているとのことである。製造・販売元は、藤沢の遊行寺に近いところの「豊島屋本店」で嘉永二年（一八四九）創業という歴史がある菓子屋である。

角左衛門が「名物」と記録しているが、貰ったのは創業から十三年しかたっておらず、短期間で名物になり、今につながっているようで大変興味深い。

なお、豊島屋というと鎌倉の鳩サブレの豊島屋を思いつくが、鎌倉の豊島屋が藤沢の豊島屋の分家とのことである。

ネット情報だが、

「この羊羹は松露自体の味はないのですが、粒粒のかけらのような松露が独特のクチ触り。つるつるしていて、上品なお菓子です。日本でも松露を実際に使うお菓子はここだけ」

とのことである。

ちなみに四日後の二十二日には、息子の鹿之助は野津田村名主の石坂又二郎を訪ね、

「東海道藤沢宿名物の菓子持参致す也」

とおすそ分けしている。よほどおいしく、珍しいものと思った様子がうかがえる。

（辻　清司）

「陸魚」ってどんな魚?

元治二年（一八六五）三月三日の角左衛門の『雑書』を読んでいて、

「大和屋忠兵衛、陸魚三本貰申し候、壱本道助、壱本新、是は此の間の礼と存じ候」

という記述があった。（壱本新の「新」は、橋本新宅のこと）

その日、研究会出席の十人が一様に頭を抱えた。小島家が貰った三本の魚を、身内の親類橋本家と新屋敷にお裾分けするのは分かる。しかしその滅多に口に入らない、しかも小さくはない珍しい魚の正体は一体何なのかと、議論は暫く続いた。結論が出ないまま後日調べることにした。

二年前の文久三年（一八六三）の『雑書』を見ると、はたして一月六日の条に、

「清浄院阿川伊与松よりむつ魚壱本貰、昨年寺雷の挨拶と存じ候」

とある。これで解決の手掛かりはつかめた。陸魚とは鯥のことであった。

広辞苑によると、ムツ科の硬骨魚、全長六十センチで、眼と口が大きく太平洋岸深所に住む、特に卵巣は「鯥の子」といい賞味。河鯥という淡水魚もあるが、こちらは体長二十センチほどの小ぶりの魚。因みに仙台では伊達家が陸奥守であったので、遠慮して鯥を「ムツ」とはいわず「ロクノウオ」というのだそうだ。

小島家の日記には日頃私たちが使わない、いや知らない漢字が、いとも簡単に使われている。そして滅多に手に入らない高級魚も、たまには食卓に上る。驚かされたり、肩すかしを食ったりで、研究会には笑いが絶えない。

（高場康禎）

小島家の人びと

小島家銅版画（明治 18 年）

小島家の書斎の名

博愛堂扁額（山本北山揮毫）

小島家の堂号（書斎の名前）は、十八代政敏が、養父軍平に頼まれて文化三年（一八〇六）三月十三日に、浅草今戸橋の鴻儒山本北山先生を訪ねて、「博愛堂」の揮毫を授かったことによる。以来五代の当主が勉学に勤しんだ。

維新期は、書斎の名に「将仙庵」を使っているが、その名前の由来は分からない。文久三年（一八六三）四月に小野路村毛雑谷に旗本山口氏の疎開先として小島家所有地に家を建てた。この家で、十九代角左衛門は、子供たちを集めて家塾を開いたので、私はこの家を「将仙庵」と考えている。

明治十八年（一八八五）の小島家銅版画では、母屋は二階建であったが、明治三十六年（一九〇三）正月の写真で見ると五階建になっている。階を増やした理由は、母屋で養蚕を行うためである。そして、玄関の左手に書斎が見える。この書斎は、上段の間のある中の間から、外に出張って造られている。広さは三畳であ

る。明治二十四年（一八九一）五月一日に、

「書斎土台据え大工金右衛門外三名来たり仕事」

とある。五月中に完成した。この書斎は小島鹿之助のもので、長男守政は、

「辛卯冬家君書室土木奏功詩以画之」

という題で漢詩をつくり、四男誠之進には、

「家君書室新成家兄有詩即次其韻」

という漢詩があり、堂名浩養とあるので「浩養堂」と呼んだらしいが、あまりこの堂名は耳にしない。戦前に毀してしまったと思われるので、戦後生まれの私は知らない。

（小島政孝）

小島家母屋　　明治36年1月　（母屋の左手に書斎が見える。書斎に腰かけているのは、鹿之助の孫・孝である）

文人としての小島家当主

小野路村名主、寄場名主としての小島家当主は多忙な村役人としての業務のかたわら天然理心流の剣術稽古に加えて代々文人としての力を培ってきた。十八代当主政敏は和歌で名をなし、『年佐免艸』、『ながめ草』、『なに和日記』などの著作がある。二十代の鹿之助は漢詩文に秀で、『韶斎遺稿』などの著作も多く残している。

鹿之助の父で、十九代当主の角左衛門は古典などのもじりや縁語・掛詞の組合せ等の技巧を用いた狂歌をたしなんだ。特に師匠やグループ等は判然としないが、彼の日記『雑書』など中心に四百首を超える狂歌が残されていて、彼の博識ぶりがうかがえる。

現在、小島日記研究会で解読を進めている慶応元年（一八六五）の『雑書』にある約三十首の狂歌の内から二首を紹介する。

百の銭　九十は先え遣て置き
残る六文　母で済切

前書に「荻久保庄右衛門女房病八十三歳、悴九重郎は五ヶ年前に病死」とあり、先に死んだ倅に九十文を使い、残る六文は病気の女房（九重郎の母親）の死んだ時の棺の中に入れる六道銭(三途の川の渡し賃)として使えば済切りになるの意。九重郎と九十文をかけている。なお、当時は銭九十六文を紐に通して百文として通用させた。（九六銭）

珍しや　二平の七夜赤の飯
　　　　三平食て悦にけり

二平は橋本道助の子で、角左衛門の曾孫にあたる。三平は鹿之助の子で角左衛門の孫にあたる。二平と三平という似通った名前を使っての作。三平は「三杯」に掛けている。

（辻　清司）

土蔵でお宝発見と政敏翁

『雑書』によると、慶応元年（一八六五）六月十六日に、角左衛門は今般小島家の長屋に住みはじめた浅二郎の倅熊吉と下男の弁太に、土蔵の掃除を命じた。この土蔵はもと質蔵で、現在は穀蔵として使用している。鼠が出るので鼠狩をさせたところ、しばらくして午尻（南）の方向へしまっていた金、銀を見つけたとの知らせがあった。鹿之助が土蔵に行き見届けたものは左記のものである。いずれも古金で、小吉小判、甫小判、二分判、二朱金、壱朱金、南鐐（二朱銀）、壱朱銀、各一枚、壱分金二枚とほかに銭百一枚であった。

これは、角左衛門の父政敏翁が、文化三年（一八〇六）三月に漢学者の大家 山本北山から、「博愛堂」の扁額をもらい、以来発奮して仕事や勉学に励み財をなした。そして、土蔵の二か所に秘蔵したものである。政敏は、小島家では中興の人として崇められている。

『雑書』では、

「尊父真養院様の義は、実に勿体なく有難く恐れ入り候御心がけ、二ヶ所へ御仕舞置き遊ばされ、一ケ所は御教え置きなされ候はば、もう一ヶ所は一向御話もなく、愚考いたすところ御老年故、御忘れ遊ばされ候なると存じ候。子々孫々に至るまで決して遣わし候ことは、相成らず候。千秋万歳めでたく、珍重也、珍重也」

なお、右改めたところ、自筆の書きつけもあった。このとき、折から診察に来ていた糟谷大作（良循）が立ち会っている。

古金の発見者の熊吉には、御祝儀として金二朱を遣わした。この古金は、角左衛門が記しているように大事に小島家で保存されてきたが、今期の戦争末期に小判などは供出したので残っていない。

（小島政孝）

政敏の旅「なにわ日記」

㈠ 奈良の旅

小島鹿之助の祖父・政敏に『なにわ日記』と名付けた旅日記がある。文政十三（一八三〇）年一月四日に出立し、伊勢神宮を参拝したあと、奈良の寺々を詣で、吉野から高野山、大阪・京都を巡る旅だった。

奈良では東大寺二月堂の舞台へ登り、古代の都の跡をはるかに望み、

「二月堂の御仏の尊さよ」

と感動を記した。私もその十一面観音像を拝みたいものと思い立ち、先日奈良へ赴き、二月堂で寺の人に聞いたら、現在

小島政敏『なにわ日記』表紙と書き出し部分。文政13年（1830）1月4日から2月17日までの伊勢参宮日記。伊勢から奈良・大阪・京都をめぐる旅。

では誰も見られない秘仏だと断られた。政敏の時代には拝観がかなっていたのだ。

また、

「正大寺、三国の土もて作ル段有。此段をふむ者ハ、おかせしつミもきゆとなん」

のくだり、唐招提寺の戒壇のことではないかと思いつき、唐招提寺の寺務所を訪ねて僧侶の方に聞いた。

「正大寺と書いたのを見たことがある。やはり江戸時代の日記だった」

とのお話。

戒壇の建物は嘉永二年（一八四九）に焼失したそうだ。その後、建物はなく露天になっている。そうすれば政敏が訪ねた時は戒壇院の建物はたっていたのだ。本来戒壇は僧侶に戒律が授けられる神聖な施設であるが、その壇の上に人々は上がることも出来ていたのだろうか。

「この壇を踏む者は犯せし罪も消ゆとなん」

と政敏はこの時書いた。

「そのような教え方もしたのでしょうね」

と僧侶はおっしゃった。

政敏が故郷へ帰り着いた時に小島家には孫が生まれていた。その児の命名を「鹿之助」としたのは、「かすが野の鹿のまめだちてありしを見」たので、と書いている。（表紙絵説明参照）

（重政文三郎）

(二) 西行の風景

小島政敏の『なにわ日記』では、西行にも思いをはせた。吉野山へかかったところで詠んだ。

くち残る　こそのしほりをしのぶにも
　　　あまるよしのの　山の奥かな

「こそのしほり」とは、去年この地へ来たときに木の枝を折って道しるべとしたこと。いま吉野へ来て西行の歌

「吉野山こぞのしをりの道かへてまだ見ぬかたの花をたづねむ」

を思い浮かべた。

吉野では蔵王権現や吉水院で源義経の昔をしのび、さらに山の奥を見やった。

「西行とくとくの庵は五十丁ほども奥の方とや聞く。松・杉の木末に立ち混じり、桜多く植えたり。一目千本、谷深くむかつ尾の峯、又小さき庵見ゆ。こは花の盛りのころ行ゝしのぶ所と見ゆ」

西行庵（吉野山）

と書いて、西行の庵はさらに奥へ入ること五十丁もあるか、と立ち尽くしている。

一目千本からさらに奥千本へ。谷は深く向こう側の尾根の山腹に「小さき庵見ゆ」ところまで山を分け入った。「とくとくの庵」の「とくとく」というのは、西行の、

「とくとくと落つる岩間の苔清水　くみほすほどもなきすみかかな」

という歌の、谷あいに湧き出る「苔清水」のこと。

芭蕉にも、

「露とくとく心みに浮世すゝがばや」

という句がある。

吉野といえば花。しかし政敏が訪れたのは春とはいえまだ一月、花の盛りのころを思いやるしかない。政敏は、

睦月末なれば、梅さへ雪をつつみてにほいつれるければ、桜は、

おもへども　つれなきものハミよしのの

無月のころの桜也けり

と、梅の花でさえ雪に包まれながらも匂いを放っているのに、と悔やんでいる。

（重政文三郎）

㈢　京の旅

政敏は京に三泊した。二日目の日記に、

「うつ政薬師、あたこ山殊の外難儀、みはらしよし、高尾遠見、秋おもひやらる」

とあり、ついで「あたし野のねん仏寺」へ行ったと書いてある。この日、政敏は太秦の薬師を拝観して、その奥にある愛宕山へたいへん難儀して登った。上がってみると見晴らしはよく高雄方面がよく見えた。秋の紅葉がきっと美しいのだろう、と思いをはせている。

地図で確かめてみると、愛宕山の麓には「愛宕念仏寺」がある。山は「あたご」山だが不思議なことに寺は「おたぎ」と読む。お寺で聞いてみると、愛宕念仏寺は大正十一年（一九二二）に山城国愛宕（おたぎ）郡から移転してきたとのことであった。政敏が訪れたのは「あだし野念仏寺」だけで「おたぎ念仏寺」は存在していなかったのだ。

鳥居本の町並みを抜けて下ると化野（あだしの）念仏寺がある。現在は二つの念仏寺は隣り合っているのだ。

化野は京都のはずれにあたり、昔は死人をここに捨て野ざらしにしていた。弘仁二年（八一一）に空海は野ざらしの遺骸を埋葬し、五智山如来寺を建立した。後に法然が念仏道場を開き、念仏寺とな

ったという。政敏はここに寄ったのだ。政敏はここで

「あたし野の露ときえけんむかししのはる」

と感慨を記している。「あだし野の露」は、人生の無常を物語る言葉として古来使われてきたことを踏んでいる。

（重政文三郎）

＊

京の三日目に、

「きおんあかく青くぬり立たり、三十六歌せんのゐまかけならべたる見事」

とある。政敏は三十六歌仙のどんな絵馬をどこで見たのだろう。

八坂神社は昔「祇園社」と呼ばれていた。しかも『京名所図会』では祇園社には絵馬堂があるのがわかった。

思い立って私は八坂神社を訪ね、宮司さんにお話を伺ったところ強い関心を寄せて下った。八坂神社が祀っている牛頭天王とはスサノヲノミコトで、短歌の神でもある。五七五七七の短歌形式を初めて整えたのは、スサノヲの「八雲たつ出雲八重垣妻ごめに八重垣つくるその八重垣を」の歌だということが古今集仮名序に書いてある。だから八坂神社は和歌にゆかりの神社だ、と言われた。

また、八坂神社には屏風に仕立てた三十六歌仙の絵が大切に保管されている。しかし政敏が見たのは絵馬である。この違いについて宮司さんは、承応三年（一六五四）改築の時に幕府が寄進した神宝の請取帳という古文書を示された。そこに「歌仙絵六枚」とあり「拝殿」とも書き添えてある。その

歌仙絵扁額屏風（八坂神社蔵）

ことから、

「旅の人が見たのは、絵馬堂ではなく舞殿（拝殿）に掛けてあったものだろう。のちに神社では保存のために屏風仕様にしたのではないか」

と教えて下さった。古文書には「細金泥彩色金箔地緑墨漆塗滅金鎊有」とも書き込まれており、舞殿で政敏が仰ぎ見たこの扁額の見事な色合いを想像できる。

（重政文三郎）

㈣『源氏物語』の風景

京都で、祇園社の次に訪れたのは清水寺であった。

「清水観音ふたいの見おろし、上り下りの人々あまた。古（いにしえ）ひかる君のもふて給いしことなど思ひ出てしのばる」

と書いている。清水寺の舞台に立った時に政敏が思ったことは、「光る君」すなわち『源氏物語』の一場面であった。

〝ある夜悪霊によって夕顔が死んだ。東山の鳥辺野のあたりの小屋に移した夕顔の亡骸を、源氏はただ涙にくれて見つめている。ただでさえぞっとするような山中である。近くの清水寺のあたりだけは、光が多く見えて僧侶や参拝客がたくさんいて賑わっていた〟（『源氏物語』から）

政敏が思い出したのは、この時の源氏の心象と、清水寺の賑わいの、対照的な風景だったのではないか。

政敏はこの旅の間、何度か源氏物語の風景を見ていた。長谷寺を訪ねてまず注目したことは「二本（ふたもと）の杉」といわれる有名な杉の木であった。この杉の木が「今に栄え」ていると感慨を持ったのは、夕顔の侍女だった右近が、長谷の二本の杉の所で、夕顔の忘れ形見・玉鬘と出会ったという場面を思ったからである。右近は、

「二本（ふたもと）の杉の立ちどを尋ねずは　ふる川のべに　君を見ましや」

と詠み、玉鬘は

「初瀬川はやくのことは　知らねども　今日の逢う瀬に身さへながれぬ」

と返した、という物語である。

政敏はまた、近江の石山寺を訪ねて、

「げにや秋の月と詠みけん人もかしこしや」

と感慨をつづった時も、十五夜の石山寺で源氏物語の書き出しの構想を得たという紫式部のことを思い浮かべたに違いない。

（重政文三郎）

㈤ 旗振り山

政敏の『なにわ日記』は語る。京都から帰りの東海道は鈴鹿峠を越えて、坂ノ下あたりで振り向くと、

「鈴鹿山の右に木無く芝山のいと高き」

があることに気づいた。政敏は地元の里人に尋ねてみたところ、この山は相場山といって、大坂の町の米や油などの相場の上がり下がりを知らせるために、この山に登り、旗を振って知らせるのだといら。大坂の高山に登り旗を振り、京の高山に登ってそれを待ち、次に旗振り送る。そしてまた山上に待ち、次々に継ぎ送るという。

「近国は申すに及ばず名古屋あたり迄も一時に相場の上下を知る」

ことができる、と政敏は聞いた。政敏はまた、旗振りの通信をキャッチするために望遠鏡も使われたことも聞き取って、たいへん珍しいことなので書き取ったといっている。

二〇一五年の朝の連ドラ「あさが来た」で、大坂米会所のやぐらの上で旗を振っているのを見た白岡あさが「あの旗は何ですやろ」と問うと五代友厚が「あれは相場を知らせちょっとじゃ」と教える場面があった。慶応二年（一八六六）の設定であった。政敏が聞いたのは文政十三年（一八三〇）であるから、四十年も前のことだ。

柴田昭彦氏の『旗振り山』の研究によれば、米相場の数字を暗号化して手旗信号で送った。大坂から、西では神戸から広島方面まで、東は名古屋方面まで「相場山」「旗振山」が確認されている。送信時間は、大坂から京都まで四回の送信で約四分だという。

（重政文三郎）

歌集『類題新竹集』と小島政敏の和歌

『類題新竹集』は、江戸後期の府中を中心とした、武相二ヶ国の歌人五百余名の和歌集である。府中六所宮の神主で、自ら歌人であった猿渡容盛の編で、明治四年に刊行され、歌数は合計二七三七首である。編者猿渡容盛の序によれば、日頃から書き留めておいた和歌がかなりの量になったので、慶応二年（一八六六）に子息盛愛に命じて約一年かけて歌集にまとめたものである。

これには小島政敏の和歌六首が入集している。うち、二首を記す。【　】内は小島政敏の『年佐免艸』の和歌である。

秋ハたゝ　さひしとおもひし心をも
　　　あらためてみるしら菊の花
【秋はたゞさびしと思ふ心をも　とり直したる白菊のはな】
おほかたハ　絶しうき世のおとつれも
　　　花ゆゑちかく耳ならしけり
【玉かづらたえしうきよのことの葉も　花ゆへちかく耳ならしけり】

入集の六首とも両者には少しずつ言葉の異同がある。これらの違いは何によって生じたものなのか正確には分からない。ただ、政敏の長男、政則（角左衛門）の日記『雑書』の慶応二年六月三日の条に、

「府中猿渡様より亡父政敏君の詠草持参致し候様書面、関戸源二郎方より届き申し候」

とある。この要請に基づいて届けられた政敏の詠草を、編者の猿渡容盛が自ら添削して『類題新竹集』にまとめたためではないかと私は推測してみた。

（辻　清司）

角左衛門の狂歌

孫の成長祈願の狂歌

令和二年（二〇二〇）十二月晦日に、東京都では新型コロナの感染者が、千人を超して一三三七人となった。そのため町田市小野路町の小野神社の除夜の鐘は、二つしか聞こえなかった。年が改まり私は、神社にお参りした。三年元旦は新年の祝いの酒もなく、鐘を撞くことは禁止されていた。そのため静かなお正月だった。

安政六年（一八五九）の『雑書』から、小島角左衛門の狂歌を紹介する。

「子の鹿之助の倅増吉（守政）が五歳にて初めて小島の「小」の字を書いたのをことほぎて詠める

　これやこの　このこが書きし書き初（ぞめ）は
　　子乃この末も代呂津世やへん

「道助・孫増吉両人とも袴着用、小野明神様へ拝礼に行く

若緑朝日に匂う今日よりは
　代も喜賀島に君は住らん」

橋本道助は角左衛門の娘まつの長男で十二歳、増吉は五歳で袴を着用して小野神社に参拝した。角左衛門は二人の長命を祈って狂歌を詠んだ。喜賀島は、蓬ヶ島、蓬莱山のことで、中国の伝説で東海中にあって仙人が住み、不老不死の地とされる霊山。祖父の角左衛門は、この時五十九歳で、孫を大切にしている様子がよくわかる狂歌である。

（小島政孝）

狂歌「若菜摘み」二首

ほのくらき　まだそれぞとも若菜草
　人につまれぬ先がけをして

角左衛門の『雑書』安政七年（一八六〇）正月十五日の条に書きつけられた狂歌である。
この日は、

「朝より快晴で、初めて春暖の気候に相成り」

という正月らしいすがすがしい朝であった。十五日であるから小正月の神事として、年徳大善神と白神さま（蚕の神様）へお神酒をあげ、小野明神その他神々への拝礼をした。

それよりさらに早い時間であろう、ほの暗くまだそれともわからない明け方である。「それぞともわかな」は、そこに見えているものがまだそれともよくわからない、つまり暗くて見分けられないという暗さである。「わかな」は「分からない」と「若菜」とを掛けている。そんなほの暗いうちに野に出て若菜を摘んできた、他人に摘まれる前に先駆けをしたという意であろう。

このような明ける前の早朝の時を、「彼は誰か」まだ暗いので見分けがつかない、という意味で「かわたれ時」という。「誰ぞ彼は」が「たそがれ」というのと対をなした古語である。父・政敏の『なにわ日記』でも、伊勢参宮の旅に出た翌朝、大磯で、

「かわたれ星の光り薄くなりゆくあけぼの近く、海の面照りわたりたるさま、げにや春のあけぼのと古人の詠みけんことを思ひしりぬ。」

と書いている。

この日の狂歌もう一首、

つる〳〵と　すめる氷を掻わけて
　　亀の子ざるに若菜摘なり

（重政文三郎）

狂歌「一ふりしめし参らせ候」

新玉の一ふりしめしまいらせて
　麦は青葉の春を迎えし

安政七年（一八六〇）二月二日に書かれた角左衛門の狂歌である。新しい年が始まり、恵みの雨によって、冬を耐えて過ごした麦が青葉を伸ばしていく春を迎えた、といった情景であろうか。解読の時に頭を悩ましたのは「参らせて」の文字であった。小島日記研究会でくずし字辞典の中から

『雑書』安政七年二月二日記事中の狂歌二首

見つけてくれた会員がいて「まいらせて」と読むことができた。

この言葉は「一筆湿し参らせ候」という、江戸時代の女性の手紙文で丁寧語として用いる慣用句だということがわかった。筆を墨に湿して手紙を書く、というこの慣用句の「湿る」の連想から雨が降ると読み替え、「一筆」を「一降り」にしたのであろう。

大田蜀山人に「色客のもえたつほどの胸の火を一筆しめしまいらせ候」という狂歌がある（「玉川砂利」）。「一筆まいらせ候」は遊女の書く恋文で使う言葉だったのだ。そのような言葉を、角左衛門もまた狂歌のなかで一ひねりも二ひねりもして使っている。ちなみに小島資料館には蜀山人の書幅が何点も残されている。同じ日の『雑書』でさらに推敲は続く。

土風も　一ふりしめしまいらせて
　　麦ハ青葉の春を迎えし

「土風」とは春先に吹く土ぼこりを吹きあげる風であるから春の嵐を感じさせ、情景が一変する。
翌日の日記では「大風吹」とある。

（重政文三郎）

狂歌「日米通貨問題」

日の本に照りつけられて亜墨利加ハ
トロリくと解失(とけうせ)にけり

この狂歌は、万延元(一八六〇、安政七)年五月二十一日の『雑書』に書かれている。

「トロリ」の言葉には、当時横浜を開港して間もないころの、外国の貨幣「ドル」の響きがある。ドルのことを「トルラル」と呼んでいた。この歌の前書きには、「洋銀の義・・・」とあって、外国銀と日本通貨の交換レートの問題について詠まれたことがわかる。

締結された日米修好通商条約では、「貨幣は同種同量の交換」と協定された。安政六年(一八五九)の開港にあたって村へも「外国銀一枚につき日本銀一分の通用の心得をもって取引」するようにとの通達が届いていた(小島家文書『異聞録』)。

ところが間もなく御触書が来て、「トルラル壱ツ三分の通用」となり、つまり三倍の値上がりとなった。背景にはアメリカからの圧力があったといわれる。鹿之助はこのことを、

「〃泣涕歎息〃(涙を流して嘆く)」(『日記』六・二九)

と書き、また、

「実に種々紛々、田舎では当節の〝奇説妄評〟は筆舌に尽くし難く、この不穏な時勢、私共にも甚だ心配なことだ」

と地頭所宛書簡で怒っている（『万事留』）。日本から金貨が大量に流出したのもこの時である。

これに対して幕府は翌年一月に「小判の直増通用令」を発して天保小判や安政小判の交換レートを引き上げたり（『雑書』安政七年一・二六）、金含有率を引き下げた万延小判を流通させたりした。これにより、

「これまで三分通用のところ以来は一分か一分二朱かと存じ候」

となり通貨は安定した。これが狂歌の背景である。

幕府の貨幣政策でアメリカが溶け失せた、と安堵して皮肉を言っているのであるが、実はこの後幕末にかけて、日本経済は物価高騰による混乱に陥っていくのである。（重政文三郎）

小島角左衛門の死

角左衛門は、『雑書』の慶応二年（一八六六）十月十九日に、

「中症相発し候間、円能寺相頼み診察いたさせ候処、格別の義もこれ有るまじく、灸すえ貰い候

間、両足に二ケ所石久保良幸（香）頼みスエ貰い申し候」

と記した。小野神社の前にある円能寺に光眠という医師がいたので、中症を発した角左衛門は診察を受けた。しかし症状が軽かったので、石久保の小橋庵の良香を頼んで両足に灸をすえてもらった。そして、翌日は、松木村に中症の薬を取りに七歳を遣わした。廿一日に鹿之助は、

「老人弁舌少々舒（ゆるく）ナル方」

と記している。その後病状は回復した。

慶応三年（一八六七）五月四日に、角左衛門は孫の増吉を連れて毛雑谷（けぞうやと）の御殿の前に小池を掘った。翌日は端午の節句のため朝食に祝いの赤飯を食べ、食後の茶を飲もうとしたときに中症を発し、左半身が不随になった。小島家の長屋門にいた医師高橋弘民を呼んで診察を受けた。色々処置をしたが、こん睡状態になり人事不省となり、午中刻（正午頃）に永眠した。享年六十六。

七日は、

「老人葬送、蚕・麦繁忙の節一同難儀に付、葬い斗り相営み見舞いは跡にて致し候積り」

とある。角左衛門は近藤勇の死や、幕府の瓦解をみることなく忽然として世を去った。

その後、小島家では端午の節句に亡くなった角左衛門を忌み「鯉のぼり」を上げなくなった。なお、円能寺の医師光眠は、高橋弘民である。元治元年に神奈川宿の荒木田より小野路村へ移住した。慶応三年は二十九歳だった。

（小島政孝）

増吉の名前の由来

角左衛門の孫、後の守政は、安政二年（一八五五）八月七日に生まれた。『雑書』には、命名の記載がある。

「今辰上刻安産、男子出生、親子共大丈夫なり、山沢の水の性にて至ってめでたき事也。老母（小島角左衛門の母八重、七十八歳）始め家内一統、宿上下残らず祝い申し候。小嶋増吉と名附け申し候。」

「この増吉は我等幼名の時、橋本善右衛門と申す叔父（橋本政常）より貰い候名也。至って連性宜しき事、十五歳にて与頭に相成り、二十三歳の節御林預かり、年寄に相成り居屋敷御免除、三十五歳の時御林掛り名主、扶持方一俵頂戴、村方努め、地方懸り、名主善右衛門同様と仰せつけられ、四十歳の時百十五石四升組訳仰せつけられ、下組と申す御割付頂戴、上組名主弥十郎（道助）後見仰せつけられ、御扶持方壱人扶持名主給米二俵下され置き候。」

「関東の御知行の内にては、御憐愍を請け奉り冥加至極此上無く昇進、夫より悴鹿之助拾五歳の時より年寄役仰せつけられ候処、追々昇進致し、我等跡名主仰せつけられ、格式の義は、我等同様出精相努め、度々御紋服等頂戴仕り候事に御坐候。」

「右の通り高（幸）運の義に付、増吉の名前に致し申し候。千秋萬歳、めでたし珍重珍重」

山沢の水性
行くすえは　大海に入る山沢の
水に生まれて萬代やへん

（小島政孝）

増吉の名主就任と土蔵の古金改め

小島家では正月を迎えると、前年の棚卸しをするのが通例となっていた。一年間の働きの収支決算をして現金残高を勘定し、前々年と比較して稼ぎの延びを明らかにする。

角左衛門の『雑書』慶応二年（一八六六）正月四日によると、金額は締めて二千両を超え、その延びは三三四両五分壱朱と記している。そして前年に起生した特記事項が書き添えられ、特に若主人鹿之助の病気全快と健康回復。跡取りとなる孫増吉（のち守政）の学問出精と成長のことなどに触れ、

「老人安心、千鶴万喜　大入叶」

と喜びを吐露している。

鹿之助は三十七歳、小野路村外三十四か村組合の寄場名主の激務を、弘化四年（一八四七）から前

年の慶応元年（一八六五）まで実に十八年もの間精勤したが、健康のこともあって退任を許された。併せて小野路村山口分名主職は長男増吉十一歳が仰せ付かった。この後も鹿之助の名主後見が続くのは勿論のことである。

さてこの時、小島家の土蔵には、既に通用しなくなった天保五両小判など、額面にして十四両を越える三十種ほどの古金が二箱に納められ、古金明細書と共に大切に保管されていた。そして孫増吉の名主職就任に伴い土蔵の古金改めが行われた。角左衛門は日記の末尾に、漢文で次の内容を記している。

「右、慶応二年丙寅王春第三日、家君（鹿之助）とこれを改める時、倅増吉は座側に在り」と。

（高場康禎）

小島守政の漢学

小島鹿之助の長男守政（慎斎）は、鹿之助から漢学を学び、明治四年（一八七一）に開校した小野郷学にも通学した。守政は、大沼枕山、河口枕河に漢詩を、倉田幽谷に漢文を学んだ。守政は、「廻瀾社」という吟社のメンバーで活躍した。

「廻瀾社」は明治七年（一八七四）十月に結成された。詩友には、日下寛（勺水）、塩谷時敏（青山）、河口翯（江東）、佐藤精明（雙峯）、松平康國（破天荒）、本城實（問亭）、中村忠誠（櫻溪）ほか十名である。漢詩・漢文をつくり、これを会員に回して批評したので、会名になっている。守政は、中村忠誠とは終生の友人であった。

『大正詩文』は、雅文会が、大正天皇の即位の大典を期として、発刊された。日下寛や高橋作衛らが、その編集に携わったと思われる。守政は、第二秩第三集に、「自賀六十序」を、第五秩第壱集に「甲寅山碑」という漢文を寄稿している。

守政は性来酒を嗜まず、質直にして謹潔、耳に淫声を聞かず、目に美色を見ず、事に処しては細心にして、沈思黙考してのちにこれを行うという風であった。終身公職につかず、詩文を作り、自宅で博愛堂塾を開いて、郷里の子弟に仁義道徳を説き、漢学を教えた。『慎斎文鈔』三巻がある。『慎斎詩鈔』も自費出版する予定だったが、大正七年（一九一八）三月に脳梗塞で忽然と六十四歳で没した。急死したため『慎斎詩鈔』は未完に終わった。

（小島政孝）

小島誠之進（溪南）の漢学

小島誠之進（号溪南）は、鹿之助の四男として慶応三年（一八六七）に生まれた。最初は、養蚕の勉強をしたが、その後、速記術を習得して衆議院の速記技手になった。漢学は、兄守政と同じく大

溪南先生像（榎戸庄衛筆）

沼枕山、倉田幽谷を師とした。速記仲間では、博識で知られ、「生き字引」といわれて尊敬されていた。

貴族院の速記者として活躍した荒浪市平（号烟厓）は、漢学に造詣が深く『大正詩文』にかかわっていたが、編集を担当していた日下寛が没すると廃刊になった。

年号が昭和に改まると、荒浪は『昭和詩文』を発刊した。誠之進は、この『昭和詩文』に毎号のように、漢詩を投稿している。のちに図師の天野佐一郎も投稿した。小島資料館には、誠之進の残した『昭和詩文』が百十二冊保存されている。昭和十九年になると、戦争で物資が不足し、紙の調達ができなくなり、四月を最後に廃刊となった。

荒浪は、昭和五年に著書『烟厓文鈔』を発刊した。そのなかに、「小島溪南鶴川に帰るを送る序」という一文を載せている。また、昭和十八年発刊の著書『清遠居詩鈔』を荒浪は誠之進に贈呈している。この本には「筑井に久保田氏を訪う」と「鶴川小島溪南宅」の漢詩が収録されている。

誠之進は、昭和二年に衆議院を退官し、小野路の小島家屋敷内に家を新築して隠居した。ここに、旧友荒浪が訪れている。その時作った漢詩がある。

鶴川小島溪南宅　　荒浪烟厓
黄花翠竹繞階除
想見先人卜地発
栗里詩篇君所愛
應吾我亦愛吾廬

（小島政孝）

アメリカに渡った橋本柳一

小野路村の橋本柳一は、旧名主橋本道助の二男として明治二年（一八六九）に生まれた。野津田村の旧名主石阪昌孝の長男公歴は、明治元年（一八六八）に生まれている。公歴は、家計の回復と商業の実地研究のために、明治十九年（一八八六）十二月に渡米した。

橋本は、日野の日野英吉と小金井の某と三人で、明治二十六年（一八九三）四月十八日に横浜を出港した。五月四日頃にサンフランシスコ（桑港）に着き、六月一日ころ、ここを立ちシカゴへ向かった。

橋本柳一　明治32年

橋本の渡米の目的は、シカゴの世界博覧会に花火を出品し、世界に売りさばくことにあった。シカゴ博は、五月一日から十月三日まで開催された。日本は、池の中の森に宇治平等院鳳凰堂を模した日本館と日本庭園を建設した。

日本館の展示説明をしていたのは、二十六歳の米山梅吉であった。彼は後に三井銀行の重役を務め大正九年に日本で一番初めの東京ロータリークラブを設立し初代会長となる。橋本は二ヵ月以上、シカゴにいたので当然米山に会っている。しかし、当時の橋本の書簡が残っていないので、くわしくは分からない。

橋本より七ヵ月後に渡米した野津田の石阪陸奥と橋本は、翌二十七年二月にサンフランシスコの博覧会場で会っている。その後の書簡でも橋本柳一のことを伝えている。私は橋本家から、柳一について聞いている。柳一は英語はほとんど話せず、米国滞在中ジェスチャーで通した。初対面の握手のときおもいきり強く手を握り、これを上下に振って人を驚かしたという。花火の商談は失敗したが、二十八年一月五日に柳一は無事に帰国した。

（小島政孝）

養子を断った小島誠之進と橋本柳一

八王子町の素封家谷合彌八（号南涯）は、天保二年（一八三一）に、貸金業を営む三代満義の子として生まれた。嘉永二年（一八四九）六月、彌八が十九歳のときに父が亡くなり跡を継いだ。嘉永四年に長男百太郎が生まれている。

彌八は安政五年（一八五八）に安部完堂について漢学を学んだ。彌八は、屋敷内に学山楼（書斎）を建て多くの文人と交流した。小島鹿之助や八王子子安の医師秋山佐造や、漢詩人大沼枕山の義妹小池池旭（画師）や佐藤丹崖（画師）も彌八宅を訪れている。十年二月に著書『大日本英雄百絶』を出版した。彌八は十二年十二月に四十九歳で没した。十三年と十四年の二度にわたって、明治天皇が谷合家に宿泊された。

五代彌八（百太郎）は、三男五女をもうけたが、その後、どういういきさつか不明であるが、明治二十八年（一八九五）七月に小島鹿之助の四男誠之進を谷合家の養子にという話があった。小島家では、十一月に縁談をあっせんした市川幸志にこの話を断った。すると、今度は橋本柳一を養子に欲しいと言ってきた。橋本家では、柳一は縁談の先約があるとの理由で断ってきた。十二月七日に小島守政は、柳一を同道して谷合家を訪れ正式に断った。これで養子縁談の件は決着した。

豪壮な邸宅の谷合家は、明治三十年（一八九七）の八王子大火で烏有に帰した。（明治十八年「南多摩郡所有地価額」によると、谷合彌八は五五二四円、小島家は五七〇〇円、橋本家四八〇五円となっている。）


（小島政孝）

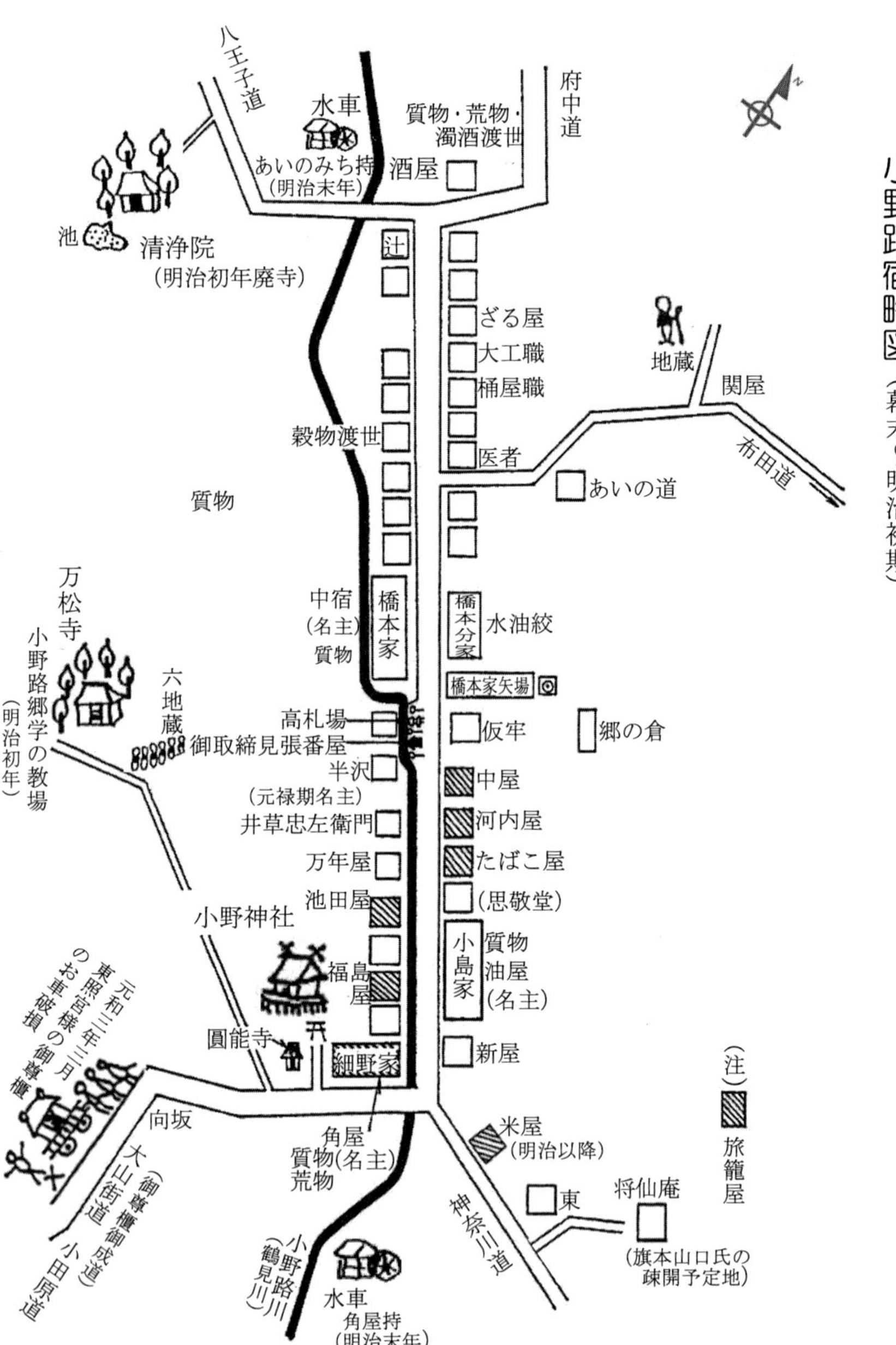

小野路宿略図(幕末〜明治初期)

人物点描

小島家を訪れた小池池旭の扇面

菅茶山と五十嵐浜藻

五十嵐家は江戸後期に代々大谷村（現町田市南大谷）の名主を勤めた。五十嵐浜藻は祖父祇室、父梅夫の影響を受け、若い時から俳諧に親しみ女流俳人として活躍した。「五十嵐浜藻・梅夫研究会」では、平成二十五年、町田市民文学館から浜藻の連句集『八重山吹』を翻刻出版した。翌年からは梅夫編の『草神楽』の翻刻に取り組んでいる。

父娘が遠く九州までの西国俳諧行脚の旅は、数年間に及び各地で著名な俳人との句会を重ねた。二人の没年は、過去帳や墓碑によると、梅夫は文政三年（一八二〇）、浜藻は弘化五年（一八四八）だが、生年は不明である。

そんな中、旅の途中で浜藻は、漢詩人の菅茶山（一七四八〜一八二七）を神辺（現広島県福山市）に訪ねたことが判明したので書き留める。これにより梅夫、浜藻の江戸での住所も明確になった。

文化三年（一八〇六）正月に江戸から西国行脚の旅に出立した梅夫・浜藻父娘は、安芸で栗田樗堂との歌仙をスタートに、以後、小倉、博多、久留米などで諸家との歌仙興行のあと長崎に入り、折り返して久留米へ、翌文化四年（一八〇七）九州、下関、広島と精力的に歌仙を巻き、山陽道の宿場町であった神辺（現広島県福山市）の黄葉夕陽村舎（後の廉塾）に菅茶山（当時六〇）を父娘で訪ねた。このことは『菅家往問録』に残されている。この時、茶山は、浜藻のために『女俳師濱藻索詩』と題し自作の漢詩を贈っている。

（辻　清司）

＊

五十嵐浜藻が菅茶山を訪ねた時の『菅家往問録』に次の記載がある。

丁卯七月十一日（文化四年一八〇七）
江戸大伝馬町三丁目新道
桑園梅夫　波間藻
五十嵐文六（梅夫の実名）

浜藻の父梅夫は、推測だが江戸のこの地で絹糸の仲買人だっただろうか、絹糸関係の商売をしていたようで、娘の浜藻も父と一緒に夏目成美、

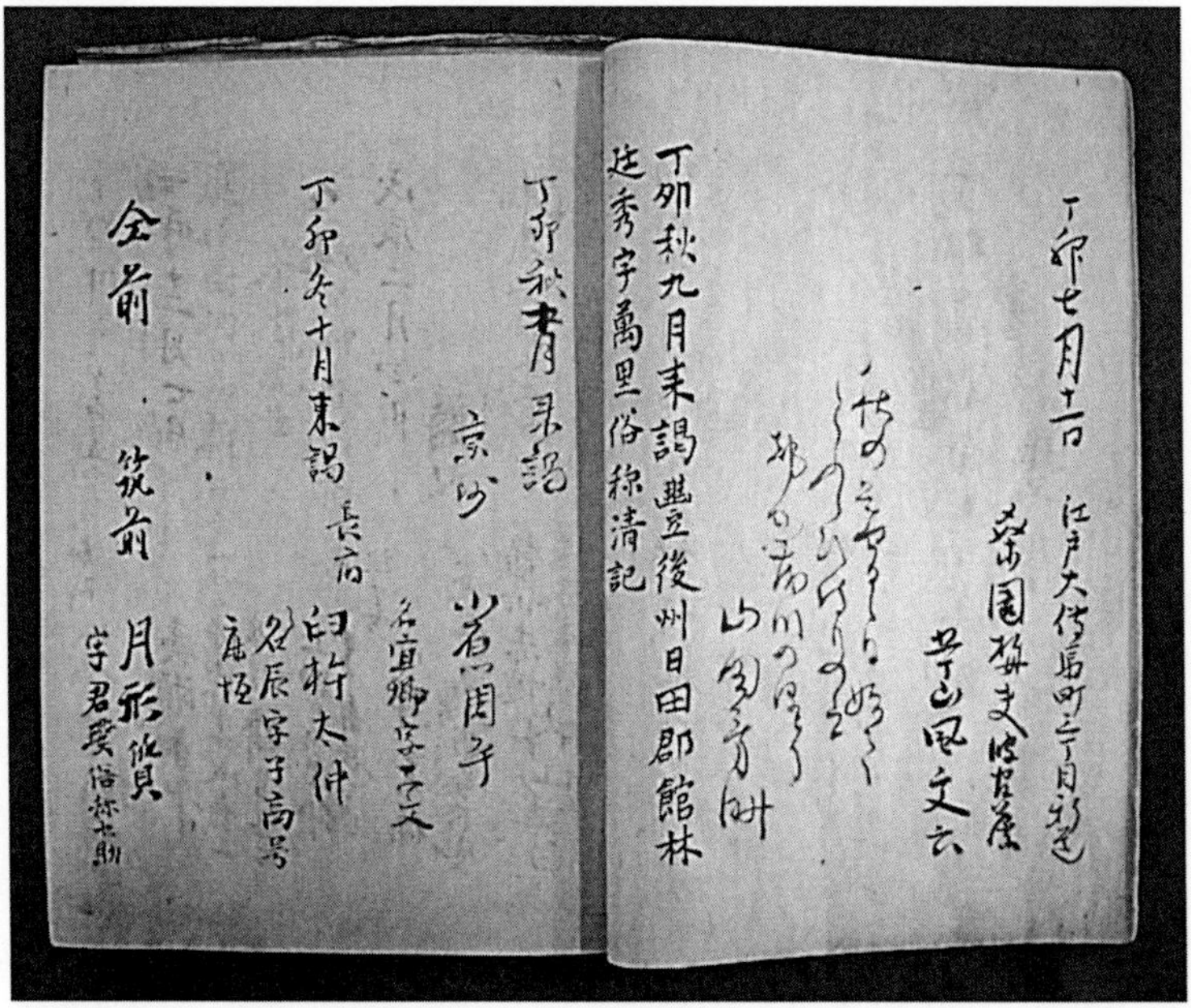

『菅家往問録』広島県立歴史博物館蔵

鈴木道彦、小林一茶といった著名な俳人たちと俳諧交流をし、踊りや絵画に、いろいろと文化的な生活を過ごしていたようである。

また訪問の折、茶山が浜藻の求めに応じて作った漢詩は次のものである。

女俳師濱藻索詩
弓鞋不畏道程長
酔月吟花向遠方
彤管到頭裁錦綉
何如帰作嫁衣裳

女俳師濱藻詩を索（もと）む
弓鞋（きゅうあい）…纏足の女性がはく小さな靴
彤管（とうかん）…女性の用いる赤い管の筆
錦綉（きんしゅう）を裁つ…錦や刺繍の美しい布を裁つこと。転じて美しい文章をつくること。

私は、最近早稲田大学所蔵本に、「はまも」と署名のある「みみずく」の画も見つけた。浜藻は梅夫編の『草神楽』のほとんどの句会に登場する。浜藻編の『八重山吹』と合わせて、浜藻は歌仙の出来、旅の範囲、期間、交流の広さにおいても抜群の文人であり、もっと研究され評価されてもよい俳人といえる。

（辻　清司）

小野路村俳人　北島良志（りょうし）

文化十年（一八一三）刊の『万家人名録』の中に北島良志の名を見つけた。
「良志　号梅賢菴　武州玉川辺　小野路村人、俗称三郎左エ門」
とあり、併せて

行水の心は花にとられけり

という句が掲載されている。『万家人名録』は全国の約八〇〇名の俳人が記載された二〇〇年前の人名録である。

北島家は代々小野路村瓜生の名主を務め、この良志は北島家第十一代当主次直（一七五九〜一八四五）に当たると思われる（『町田歴史人物事典』）。

北島家については、史料が少なく現在確認できる良志の句は少ないが、『多摩のあゆみ』七一号には文化十二年（一八一五）に没した柴崎村（現立川市）鈴木家第十代の平九郎重信（俳号良湖）の追悼句集の中に

山水は何になれとてちるさくら　　小野路　良志

という句が入集している。また同誌によれば、

一、文化五年（一八〇八）の星布選の別所村（八王子市）の蓮生寺薬師堂への奉納額、

二、文化十四年（一八一七）の相沢五流七十賀集、

三、文政十年（一八二七）の高幡不動奉額にも良志の出句が確認できる、

とのことである。

なお、後年小島鹿之助の三男、三平が北島家の養子に入り十五代を継いでいる。その縁か小島家には北島良志の短冊三枚が所蔵されている。一句を紹介すると

良志の短冊

寄る年八　何とはやすそ　節季候　　　良志

とある。俳人良志の研究は、中央の俳諧集の発見に鍵がある。

（辻　清司）

落合直澄の小島家訪問

甲州街道駒木野（小仏）関所（現八王子市裏高尾町）は、落合、川村、佐藤、小野崎の四家が関所番を務めていた。関所番は二十俵二人扶持の幕府の下級役人であった。仕事の合間には畑仕事や蚕の世話をしたり勉学に励み、剣術、砲術の稽古で過ごしていた。

関所番の一人、落合直亮の弟直澄（通称一平）（一八四〇～九一）が小野路村の小島家を訪問している。安政五年（一八五八）八月のことである。このことは三つの『日記』から判明する。

『堀秀成日記』七日　九時より一平小野路へ罷越
　　　　　　　八日　落合一平夕刻かへる
『小島日記』　七日　駒木野落合兄来る
『雑書』　　　七日　雲如門人来る、止宿
　　　　　　　八日　八王子雲如門人帰也

堀秀成（一八一九〜八七）は、国学者で安政五年から文久二年（一八六二）まで四年間、八王子に在住し、神道、国学、和歌を関所番の人たちに教えた。

直澄は、何の目的で小野路村の小島家を訪問したのであろうか。日記には、それについて触れられていない。推測であるが、『雑書』に「雲如門人来る」とあることから、著名な漢詩人遠山雲如（一八一〇〜六三）の門人である鹿之助のところに、同じく門人の直澄が、雲如から依頼されたことでもあって、訪ねてきたのであろうか。

関所番の直澄と兄直亮、弟の直言の三兄弟および川村恵十郎は、揃って勤王の志厚く幕末に国事に奔走し、いずれも名を残すこととなる。

（辻　清司）

小橋庵主良香の行方

小野路村の名主橋本家では、橋本政之が弘化三年（一八四六）に亡くなり、妻まつは、政之の弟政元と結婚した。しかし、政元も兄の没後四年目の嘉永四年（一八五一）に没した。まつは、名主小島角左衛門の長女である。まつは、政之との間に道助を生み、政元との間にゆきが生まれたので、この時、道助は七歳、ゆきは四歳で、幼な子を残されて未亡人となってしまった。このため小島家では、幼い道助を名主に就任させ、後見名主として、角左衛門が道助を補佐した。

懸仏十一面観音像

小島鹿之助は、名主職を務めながら二人の子供を教育した。小島角左衛門とまつは、政之、政元の菩提を弔うために、橋本家の墓地の手前に観音堂を建て、千手院に納めてあった懸仏十一面観音像を安置した。しかし、まつも安政四年（一八五七）に三十三歳で亡くなった。

安政六年（一八五九）二月一日に角左衛門は、小庵の地行取りを始め、六月に完成した。六月六日の『雑書』によると、

「石久保橋小庵（ママ）尼僧荏田村より引っ越し」

とあり、尼僧が小庵に住んだことが分かる。

尼僧は、良香といい三十二歳であった。越中国射水郡戸破村の中村某の三女で、天保九年（一八三八）に同村の長徳寺で得度をした。随従した尼素庭は、十三歳で越中国戸並郡宮森村の出身であった。小島家と橋本家の墓守を務め、両家の祥月命日には、それぞれの家で読経をするのを常としていた。両家の姓の頭の字を取って、「小橋庵」と呼んだ。

明治二年（一八六九）に良香は小橋庵のある石久保に地蔵尊を建立した。明治十三年（一八八〇）頃に良香は、荏田村の法道寺に居を移した。私は平成二十七年に荏田の曹洞宗法道寺の住職を訪ね、

良香についてその行方についてお聞きしたが、その消息は不明であった。

（小島政孝）

＊

平成二十七年の夏の小島日記研究会の合宿で小橋庵主良香の行方を訪ねて、越中国射水郡戸破村（富山県射水市戸破北手崎）の良香の得度した曹洞宗大雄山長寿寺を訪問した。目的は、良香が明治十年後に帰郷したかを確認するためであった。

長寿寺の住職野手泰俊氏の話では、良香の墓はないという。また、明治三年に良香持ちの寺庵通仙庵について帰村を促す手紙が小島家に届いているので、通仙庵について尋ねたところ、無住であるが通仙庵はあるとのことだった。良香に随従した尼素庭は、良香の村から八キロ離れており、ここは時間の関係で素通りした。

このたび、良香の建てた小野路町石久保の地蔵についてさらに調査した。地蔵の台石左側面に字が彫られているが、狭い小屋に納められているので、写真を撮っても、判読できない字があった。重政文三郎氏が拓本を取られたので、これによって詳細が

小野路村石久保の地蔵

わかった。

明治二年（一八六九）十一月に、良香は地蔵を立てることを発願し、地主橋本政直（道助）に相談したところ、小宮伊兵衛、島野長兵衛、志村忠兵衛が周旋人になって、明治三年（一八七〇）十一月二十四日に地蔵開眼の式を行った。『日記』には、小島鹿之助の長男増吉ほか塾生二名が出席したことが記されている。

明治三年の戸籍では、二人の尼の姓は、「本島」となっている。

（小島政孝）

旗本山口直信のこと

『雑書』万延元（一八六〇）年四月十五日に次の記事がある。

「江川太郎左衛門様御支配所武州八王子宿大横町にて盗難逢い候ものこれ有り、右盗賊は八日市場博奕渡世いたし居り候もの女房にて、この度御取締御出役喜多村解助様御召し捕り、山口丹波守様へ御差出相成候由、八王子宿のものたばこ屋六左衛門方相咄申し候」

とある。喜多村は、正確には御取締臨時出役である。同年十二月刊の『古賀祢の花』によると、御取締出役は九名、臨時出役は二十六人である。合計三十五人で関東一円をパトロールしていたから、多忙であったことがわかる。関東取締出役は、勘定奉行の支配下であったから、喜多村は、八王子宿大横町の盗難の犯人博奕渡世の女房を捕らえて、勘定奉行の山口丹波守へ差し出した。

山口丹波守直信（三千石）は、内匠系で、西丸御留守居より、安政六年（一八五九）二月に勘定奉行になり、同年九月より道中奉行を兼帯した。このころの記事である。万延元年（一八六〇）十二月に大目付に栄転した。

山口直信の弟は、伊予宇和島藩（十万石）伊達家の養子となった伊達宗城（むねなり）であった。英名の藩主として知られている。小野路村地頭山口近江守直邦（二千石）は、采女系で騎兵頭、講武所砲術師範役、西丸御留守居を務めた。本家は、勘兵衛系で（二千五百石）幕末には直毅（直亮）が大目付や外国奉行になり、山口三家とも活躍した。

（小島政孝）

旗本山口家系図
（谷有二『御旗本物語』より転載）

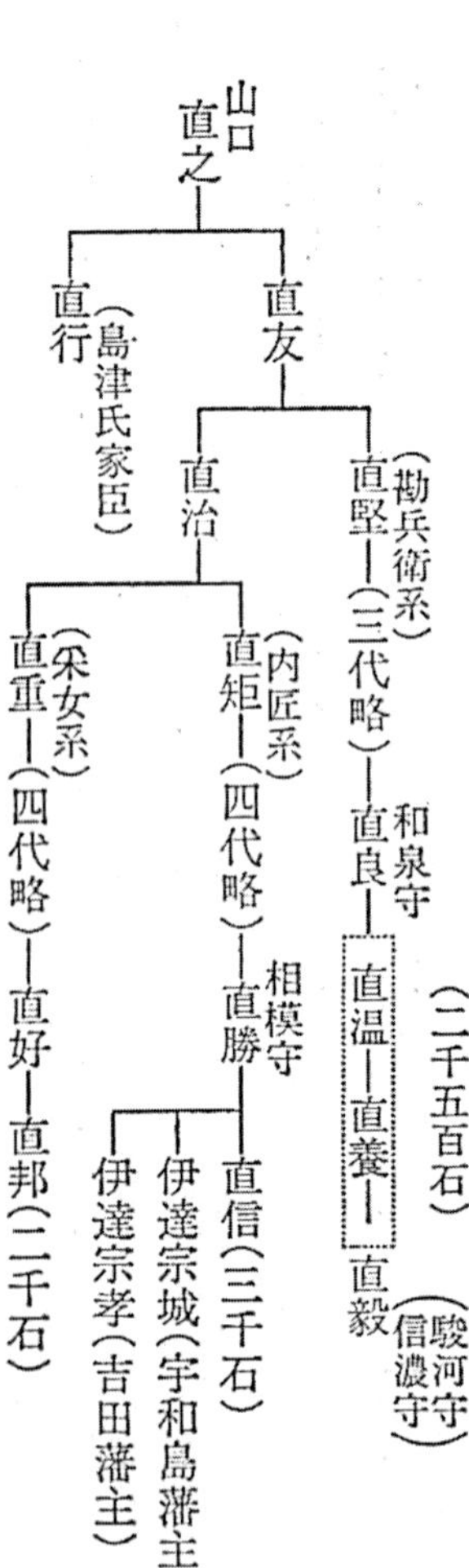

小島家分家・助左衛門のこと

小島角左衛門は三十数組の縁談をまとめたという。そして、離縁になったのはわずか二組という。角左衛門が積極的に縁組を行ったわけは何だろうか。小野路村は、天保の大飢饉で三十五戸の潰れ百姓が出た。戸数が減っても村にかかる税は変わらないので、人口が減少すると残された家の負担が増大する。そのため、角左衛門は、元の人口にもどすために、相性のよいカップルを見合わせ、仲人をして戸数を増やした。その功により、世襲名主となった。

小島家では、家の財産を分けて三軒の分家を立てた。その一つを紹介する。

万延二年（一八六一）正月に、潰れ百姓助左衛門の相続のために、組頭孫兵衛の次男で小島家に九

『雑書』万延二年正月十七日記事

年間勤めた下男の丹二郎と、橋本道助家下女の中（なか）を娶わせた。正月十七日には丹二郎の家族も喜び挨拶に小島家を訪れた。二月十九日にはめでたく結婚し、小島家が所有していた下宿助左衛門の屋敷を与え、田畑を分配し小島家の分家とした。家の屋号は萬年屋という。

与えられた下田・下々田・上畑・下畑からの収穫高はどのくらいあったのだろうか。その後も丹二郎は小島家に来て働いた。

文久三年（一八六三）正月二日、分家丹二郎事助左衛門・孫兵衛・喜兵衛の三人は遠州秋葉山から伊勢大神宮・京都・金毘羅・善光寺まで参詣又は名所を見物し、二月廿日に帰宅した。その時、

「本庄宿で浪士組が立て札の書き方が悪いと本陣手代を切りつけた」

という風聞を聞いている。小島家と近藤勇との交友を知っていた丹二郎からの報告を、角左衛門はどのような思いで聞いたのだろうか。

（廣井理恵子）

＊

小島家分家の丹二郎の戸籍を、小島家に残る江戸時代の「人別宗門御改帳」で調べてみる。

まず、丹二郎が名跡を継いだ助左衛門家についてみると、文政十一年（一八二八）の人別帳では確認できるものの、天保十一年（一八四〇）人別帳には存在しないので、潰れとなっていたことがわかる。おそらく、天保の飢饉の頃潰れたのであろう。

そして、文久四年（一八六四）人別帳では「助左衛門二十九歳」とあり、これが新たに助左衛門家

を起こした丹二郎のことである。ついで女房二十四歳、倅助作三歳とあるので、小島日記の『雑書』の記載どおり、万延二年（一八六一）になかと結婚して新たに家を継ぎ、長男助作が生まれていたことが確認できる。ちなみに、天保十一年人別帳では孫兵衛の三男として百吉五歳の名前があり、これが丹二郎の幼名であることがわかる。なお、明治以降も辿ることができる人物である。

また、丹二郎が小島家から与えられた田畑はどの位だったか、『雑書』には一筆ごとの反別(面積)と石高（公定収穫量）が記載されているが、合計すれば五反七畝一歩で三石余となっている。小野路村の中では、反別では中位、石高では中の下くらいに当たる屋敷持ちの本百姓となったわけである。

（『町田市小野路地区文化財調査報告』Ｐ237の統計比較による）

（重政文三郎）

角左衛門、分家を興す

角左衛門は、多くの縁組をしただけではなく分家を三軒興こした。

一軒目が橋本分家であり、嘉永元年（一八四八）のことであった。この時は、橋本健蔵（芳雄）と角左衛門の次女さくを結婚させ、橋本善右衛門と小島角左衛門が土地を分けて橋本分家とし、橋本文右衛門と名を改めた。二軒目が下男丹二郎で、最後が元治元年（一八六四）三月の六蔵とふでの結婚（屋号宮坂）であった。

丹二郎と六蔵、両者とも小島家の土地を分け与え小島姓を名乗らせた。丹二郎は小島家に長く務めた下男であり、もう一人の六蔵は、糠信七郎兵衛と小島家に乳母として長く仕えた熊の二男で、天保十三年(一八四二)に生まれ、翌年十月に中村たいの養子になった。しかし、たいはその後没している。

両者とも小島家と血縁関係はない。裕福な土地持ちは二・三男に分地をすることもあったが、分地の出来ない小規模な農家では、長男が家を継ぎ、二・三男は養子に行くか、厄介としてそのまま留まるか、実家を出て下男下女として暮らした。それだけでなく、仕送りをして実家を外から支える場合もあった。このように生計を立てることが厳しい時代に、長男に家を継続する力がない場合は、廃嫡も辞さざるを得なかった。

それに引き換え、寄場名主の小島家が、血縁のない親しい者に小島姓を名乗らせたのは何故だったのか。本家を支えるだけに止まらず、家持ちの本百姓はやがて村を支える優秀な人材に成長し、村の活性化も促す。ひいては幕政をも支える基礎になると、角左衛門はどこかで考えていたように思われる。

（廣井理恵子）

潰れ百姓民次郎

江戸時代には、破産した百姓を潰れ百姓と呼んだ。

文久元年(一八六一)十二月六日の『日記』によれば、別所の民次郎(仮名)の年貢が不納だという。それまでも、村の名主などから借金を重ねていたが、年を越して更に一年たち文久三年(一八六三)一月十九日の『雑書』によれば、借金は五十八両余りに膨らんでいた。民次郎の手持ちは、田畑や家屋敷と無尽の積立金まで合わせても、見積りで四十六両にしかならなかった。

借金の精算とその後の生活の立て直しに、真光寺の名主や小島家などが尽力した。

まず、真光寺にある民次郎の田畑の処分に手を付けた。ところが、民次郎の田畑の元地主が古証文を持ち出し、安値の十五両なら買い戻すという手前勝手なことを言い出し、交渉は難航した。

そこで角左衛門は、小島家の小作で正直者の利右衛門を真光寺へ交渉に向かわせ、予定していた二十五両で元地主が買い戻すことで話をまとめた。幸いその他の処分も決まり、どうにか二月十一日には元金の返済は終わったが、小島家はこの時十二両余りを負担している。

二十日になると角左衛門は、民次郎の聟梅吉と弟熊二郎の仕事の世話を頼まれた。仕事も決まり安心したのか、六月五日に民次郎の母が病死した。母の治療費も借金の理由だったのかも知れない。

それから二年たち、民次郎は慶応元年(一八六五)三月三日に店を借り、二十八日にはお礼の酒を小島家に届けている。そして、閏五月二十五日には借家で濁酒屋を開いていた。

(廣井理恵子)

関東取締出役の出自

幕末に関東の取締り機構の陣頭指揮をしたのは、関東取締出役であるがその出自については、ほとんどわからない。当然その子孫についても知る由がない。旗本は菩提寺がわかるが、関東取締出役は高三十石と微禄のため不明である。

『雑書』万延二年（一八六一）二月十五日に次の記載がある。

「喜多村解助様出生、下総国太田村名主加瀬佐二右衛門と申すもの四男御坐候、廿歳余の節、出府いたし御代官手代奉公相勤め候内、遠州其外所々支配へ行き去々未年（安政六年）御取締臨時御出役になられ候由、山口様御地頭所上総国冨田村大高善兵衛の妹（つる）に御坐候」

大高家の系譜を調べたところ、太田村加瀬左衛門（佐二右衛門）の娘園は、大高善兵衛の父秀明に嫁ぎ、善兵衛ほか十一人を生んだ。善兵衛の妹つるは、加瀬左衛門の孫、左衛門に嫁いだ。これが加瀬家の長男で、その弟が喜多村解助となる。大高善兵衛の家とは、深い姻戚関係にある。

『関取締出役』（岩田書院）によると、安政七年（一八六〇）に手附になり、代官は竹垣三右衛門の支配下で、文久元年（一八六一）の取締出役の席順は、三十六名中十一番目で、臨時出役の筆頭。任期は安政七年から文久三年（一八六三）までの四年だった。

『日記』文久二年（一八六二）三月二十三日に

「恩田村与一案内にて喜多村御家来来る、右は東皥開業につき旦那様より御書面付にて画幅十三幅預かり配当呉れ候よう申しこされ候」

とあり、「東皥」という名の画商に商売替えしたらしい。

（小島政孝）

秋山佐造の再婚と秋山練造

『雑書』の文久元年（一八六一）十二月十四日に、

「甲州道中府中宿松本浅二郎妹（ゆき）二十七才、八王子宿之内十日市場秋山佐造と申もの方へ世話致候処、縁談相調い今日吉日に付、同所仲人金吾と申すもの結納持参、佐造代り方斎と申す医師府中信州屋九兵衛方落合い松本屋へ同道候也、結納帯代五両、供外常之通り鹿之助案内致す也」

とある。小島角左衛門は鹿之助の友人秋山佐造（八王子子安の蘭方医眼医者）の後妻を媒酌した。佐造は文化十三年（一八一六）生まれであるから、四十六歳であった。

佐造は漢詩人遠山雲如の門人で、鹿之助とは漢学の友人である。佐造の代理を務めた方斎は、相原村医師青木方斉で佐造がオランダ医書を出版したとき金属活字を組んだ人物で、後に堺村初代村長を務めている。待ち合わせた信州屋は、府中宿番場名主・本陣矢島九兵衛屋敷である。

『日記』では二十一日に、佐造の結婚披露の記載がある。

佐造とゆきの子練造は、明治五年（一八七二）七月に生まれている。佐造が五十七歳のときの子である。練造は、東京帝国大学医学部を卒業し、陸軍に入り大正十三年（一九二四）十二月に軍医総監になった。十五年には陸軍軍医学校長となり、昭和三年（一九二八）に退官した。昭和十二年東京市立城東病院外科医長になり、手術の名手と呼ばれた。十七年（一九四二）八月十四日に七十一歳で没した。『陸軍将官人事総覧　陸軍編』には秋山錬造とあるが誤りである。

（荒井　仁）

『下谷叢話』で紹介された『雲如先生遺稿』

『濹東綺譚』『断腸亭日乗』などの作品で知られる永井荷風に、『下谷叢話』という著作がある。荷風の母方の祖父で儒者の鷲津毅堂と漢詩人大沼枕山の二人を軸にその周辺を描いた著作である。

小野路村名主の小島鹿之助は、この枕山が漢詩の師匠である。鹿之助のもう一人の漢詩の師匠が、遠山雲如である。この『下谷叢話』には、雲如と小島鹿之助が登場する場面がかなり細かく描かれている。

雲如は文久三年（一八六三）に京都で歿するが、その折、妻が雲如の晩年の詩稿をふるさと八王子へ持ち帰り、雲如の門人である秋山義方に渡す。これが明治二十年に至って秋山義方（佐蔵）、小島為政（鹿之助）の二人の刊刻した『雲如先生遺稿』である。

この書の序文は大沼枕山が心を込めて書いている。

「余が一閲を請う。余これを閲して大いに驚いて曰く、雲如の詩此に至って別に絶佳を加ふ。以前の詩は佳ならざるに非ず。（中略）近世人心浮薄にして、父祖の詩もあるいはこれを刻せず。秋山小島の二氏雲如の亡を距ること殆ど二十年にしてこの挙あり。豈故を忘れざるの最なるものに非ずや」

と絶賛している。

『雲如先生遺稿』は小島家で一三〇部を出版した。小島鹿之助は、枕山先生に二部を贈呈した。荷風は、大沼宅で『雲如先生遺稿』の枕山の序文を読んで、大いに感銘を受け、『下谷叢話』の中で紹介したと思われる。


（辻　清司）

石坂昌孝の媒酌人

野津田村一番の豪農石坂昌吉家は、なぜか子宝には縁遠い家であった。昌孝（幼名高之助のち又二郎）は生まれて七日目で養子に入った。実は養父昌吉も昌孝の実父伴助の兄で、やはり養子である。昌孝十歳の時、義妹やまが生まれた。その六年後に養父昌吉は五十六歳で他界した。

昌孝は十六歳で昌吉家を継ぎ名主となった。名主職を勤めるために実父伴助が名主後見となり、さらに小島鹿之助と義兄弟の契りを結んで兄事し、何かと支援を受けたのである。

文久三年（一八六三）、昌孝も二十三歳となりいつまでも独身でいることは許されず、義妹やまとの縁談が持ち上がった。仲介の労を取ったのは鹿之助の父角左衛門である。婚約相整い祝言はその年十一月二十一日、媒酌人は角左衛門夫妻と決まった。

ところが祝言を直前に控えた十一月十四日深更、江戸城本丸と二の丸が炎上焼失した。十六日に地頭山口家から急ぎ御呼出しの飛脚が来た。角左衛門は野津田村山口分名主三左衛門とともに十八日早朝に地頭所へ出立した。そのため、祝言の媒酌人は角左衛門倅の鹿之助と母きく両人に、急きょ変更

『雑書』文久三年十一月二十二日記事

された。

二十二日に帰村した角左衛門は『雑書』に次のように書いている。

「昨二十一日天社日につき鹿之助おキク両人行き仲人也、先ず滞り無く相済みめでたし」。

（高場康禎）

橋本雪の御殿女中勤め

橋本道助の妹雪は、橋本政元（善右衛門）とまつ（鹿之助の姉）の長女として嘉永元（一八四八）年に生まれた。政元が三年後の同四年八月に病没すると、鹿之助は道助、雪を引き取って数年教育したという。

文久二年（一八六二）八月に二人は麻疹にかかり、特に道助は病状が重く、鹿之助は日記に、「道助麻疹困難の体忍びがたく、我風祟にて看病なすことあたわず、亡姉の遺託に背き心痛す」と記している。

雪は、旗本高力直三郎（高三〇〇〇石）の屋敷の御殿女中を勤めていた。『雑書』の元治元（一八六四）年五月十五日に、

「橋本道助昨十四日五ッ時お雪同道出府、夜五ッ時帰宅申し聞き候、高力様奥方安産、親子共丈夫

の由に付き、披露目にて大取込みの最中仰せ付け有り、殊の外祝い候由」

とある。同年七月一日に、

「お雪より書状参り、去月二十六日高力直三郎様御役御免之由、山口公御目附仰せ付けられ候由」

とある。高力は御使番から栄転して文久三年（一八六三）二月二五日より、御目付となり、元治元年（一八六四）七月六日にお役御免となった。元治元年に雪は十七歳であったが、高力家に御殿女中として勤めていたものと思われる。高力邸は、四ッ谷御門の近くで、お堀に面してあった。代わりに御目付になった山口公は山口直毅である。

雪は、翌慶応元年（一八六五）十二月に相州愛甲郡山際村の梅沢義三郎（鹿之助の母の実家）に嫁いだ。


（小島政孝）

髪結い浅次郎のこと

幕末、小野路の人々は色々な仕事をこなしていた。農作業をしながら荒句（開墾した畑）を耕し耕作地を増やし、一年中炭を焼いた。分業は今ほど進んでいなかった。しかし、一人前になるのに六年～十年ほどの修業が必要な髪結いはそうはいかなかった。修業始めは自分の膝頭が実験台で、剃った後風呂に入ると沁みること沁みること、眼から火が出たという（『幕末百話』）。

小島家の長屋住まいの髪結い浅次郎（小山田出身）は、慶応元年（一八六五）三月四日に長屋から隠宅に引っ越した。七日に角左衛門・鹿之助・道助・増吉などの髪を結った。増吉改め守政は、十一月に十一才で小島家の家督を継いだ。

浅次郎は、店を持たない廻り髪結いという出張床屋だったのだろう。この場合は資金が要らず、剃刀・たらい・毛受（髪やふけを受けるもの）尻敷く板（お客が敷くもの）で仕事ができた。

文久元年（一八六一）三月十五日には、角左衛門は梳き油(鬢つけ油)を江戸四ッ谷の市五郎から土産として貰っている。浅次郎が髪を結いに来る小島家にはいつも鬢つけ油が用意されていたらしい。

慶応元年には、浅次郎は患い温泉に療養に行った。そこで小島家では、江戸から夫婦者の髪結いを呼んだ。この様に、髪結いは人々の近くに居なくてはならなかった。

人々に身近な髪結いも、明治四年（一八七一）八月に散髪廃刀令が出て、人々はもう月代（さかやき）を剃ることはなくなり、髪結いは剃刀を鋏に持ち替えなければならなくなった。鹿之助は、明治三十三年（一九〇〇）に亡くなるまで、髷を結っていたという。

（廣井理恵子）

谷保の村医者本田覚庵と縁者の人々

文化十一年（一八一四）に生まれた覚庵は下谷保の名主として、文人として、更には村の医者として活躍していた。元気だったその彼が、元治二年（一八六五）二月十一日八ツ時（午後二時）に発病し、夜五ツ時（午後八時）に突然死去、と『楽水軒起居録』は伝えているという。まだ五十二歳の働き盛りであり、長男の東朔はまだ医業の修行中であった。

二月十三日の『雑書』によれば、小島角左衛門は、朝五ツ時に橋本才造、橋本道助を連れて葬儀へ出発している。急な知らせに、日野の佐藤彦五郎、息子の源之助、粕谷大作（土方歳三の兄）も集まっていた。

『佐藤彦五郎日記』によれば、この時彦五郎は妻のトク（土方歳三の姉、のちノブ）を同行していた。覚庵の義母チカは歳三とトクの叔母にあたり、若いころの歳三は、米庵流の書を習いに本田家へよく通っていた。

本田家の内憂はまだ続く。長男の東朔も翌々年亡くなり、慶応四年（一八六八）三月に東征軍を迎えたのは、次男で十六歳の定年であった。この時行李を一つ、小野路の親戚で二十四才の橋本道助に預けておいたが、幸いにして谷保では何事も起きることはなかった。日野では、鎮撫隊を助けた彦五郎たちが十一日頃に征東軍の追及を受けている。

小野路の小島家では、角左衛門が前年の慶応三年（一八六七）五月に既に亡くなっており鹿之助の代になっていた。時代も人も移りゆく、先の見えない慶応四年の春の事であった。

（廣井理恵子）

激動の幕末

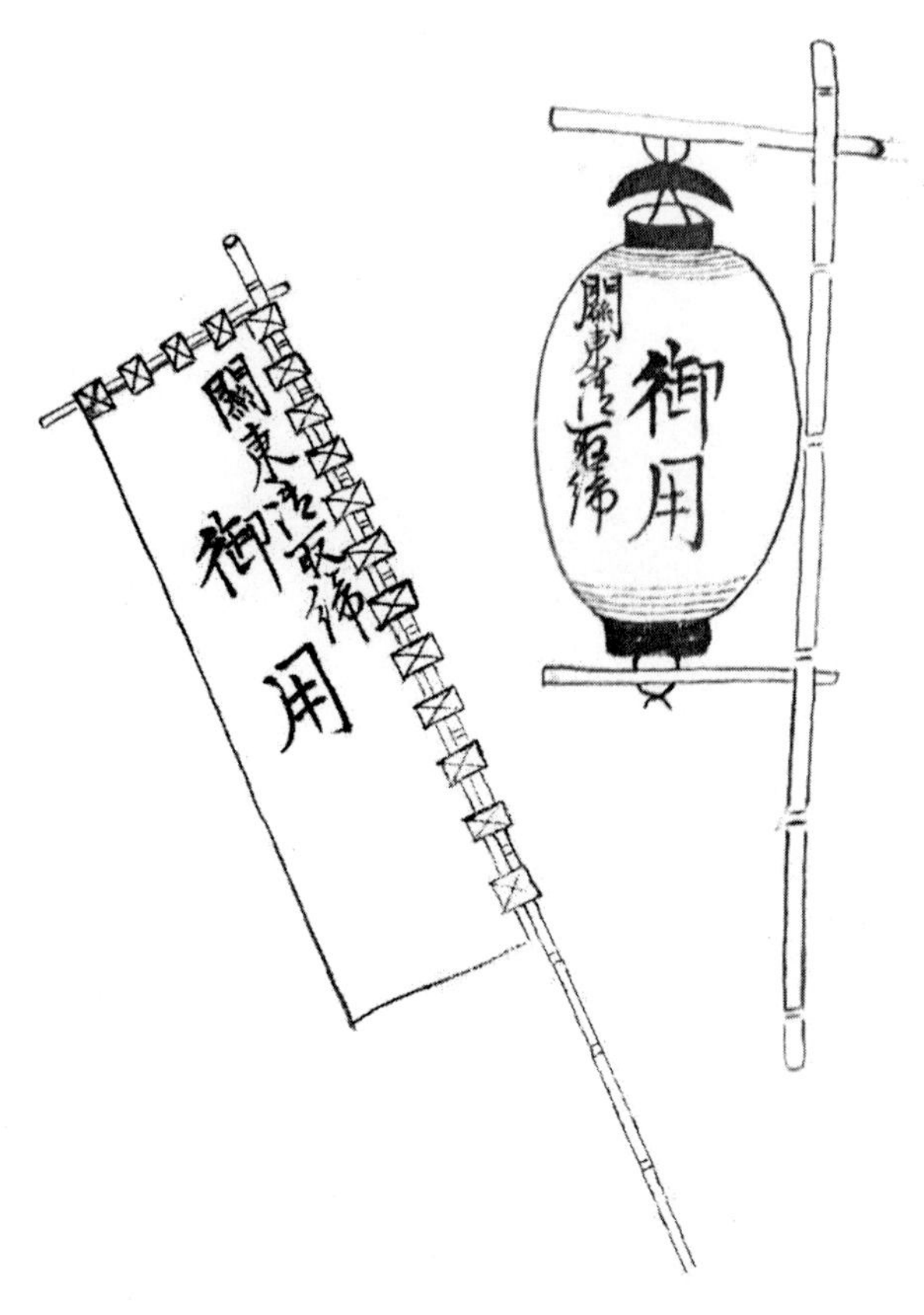

関東取締出役の御用提灯と旗

政変と天災と
小野路村からみた安政の大獄

安政六年（一八五九）、時の大老井伊直弼による「安政の大獄」が激しく続いていた。烈公と呼ばれた水戸藩主徳川斉昭はすでに前年に「急度慎み」として謹慎を命ぜられ、次いで水戸藩士をはじめ過激な攘夷論者が相次いで逮捕され、安政六年八月二十七日には第一次断罪として水戸藩士らの死罪が発表された。

『日記』はこの情報を次々とキャッチしていたが、九月二日、

「去る廿七日水戸一条御落着に相なり、右は水府御子様方残らず御隠居、御附家老中山備前守様厳しく御差控」

と記している。水戸藩主の子息はもちろん、家老にも累が及んでいる。

『日記』が特に注目した附家老・中山備前守は、小野路村の領主である旗本・山口采女家の親戚筋にあたっていた。

「当御屋敷様（山口家）にも自身御差支え御窺いなされ候趣にて、飛脚のもの隣屋敷より入り候趣申し聞かる」

と記し、山口氏自身が幕府に対して「御差支え御窺い」を出したといっている。山口氏は親戚筋にあたる中山家が処罰されたことから、幕府を憚って表門を閉じ息をひそめているのであろうか、小野路村から遣わした飛脚は門から入ることができず、隣家の庭伝いに山口家へそっと入ったというのである。

『日記』は次いで十月廿二日の条で頼三樹三郎の死罪にふれている。

「この人は山陽先生の第三子にて……京摂の尤物なり、非命の死をいたす事いかにも口惜き事なり、神州にて有名の士を殺すこと是皆外夷の為なり、憾嘆すべし」。

小島鹿之助も攘夷論者であった。

（重政文三郎）

桜田門外の変に助太刀

『雑書』安政七年（一八六〇）三月五日に次の記事がある。

「當三月三日朝より雪降る、然る処四ツ時（十時）外桜田より御規式（上巳の節句）にて、大老伊井（井伊）掃部守様御登上之節、西御丸下にて水戸浪人拾八人銘々短筒打掛ヶ、それより抜身に相成双方打合いの上、浪士壱人即死致し、其外双方手負数多これ有り、然しながら御大老様御無難之由、（中略）一説には、戸田様と申す御大名伊井掃部様之助刀（助太刀）致し、是又手負人数多の由」

有名な桜田門外の変の記事である。

小島角左衛門は、白根村（横浜市）大惣代名主の勘右衛門と江戸から帰村した者の情報を記している。井伊大老は御無難とあるのは、幕府が死亡したことを隠蔽したことによると思う。一説と断っているが、大名の戸田様家中が助太刀してけが人が多く出たことが記事にある。

嘉永三年（一八五〇）の江戸切絵図で見ると、桜田御門の前の屋敷が松平中務大輔、その隣が戸田淡路守となっている。この戸田家（三河国畑ヶ村）は、大垣藩戸田家の分家で、元禄元年（一六八八）に一万石の大名になった家だ。幕末の当主は、戸田氏綏で、天保十一年（一八四〇）に大御番頭、同十三年七月に奏者番になり、安政二年（一八五五）二月二十七日に辞している。墓は駒込蓮光寺となっている。同じ寺に小野路の旗本山口直邦の墓があった。戸田家の助太刀のことは、あまり知られていいない。

（小島政孝）

異人相手に大儲けした話

万延元年（一八六〇）五月四日『雑書』に以下の話が書き残されている。意訳して紹介する。

「東海道戸塚在の百姓がヘチマを五百文（一万円）で求め、蘇枋（赤の染料）で染めて、横浜表へ持参したところ、入れてある風呂敷の間からそれを見た三人の異人共が後より参り、ヘチマを売ってくれというので、男は指を出し弐貫文（四万円）で売りましょうと言ったところ、異人が高いと言って指壱本半（三万円）差し出したので、男は了解したと伝えると、異人は商館で指一本拾両、半分五両、都合拾五両（百五十万円）を差し出したので、男は受取って、早々逃げ出して立ち帰った。このように高値で売り、大儲けしてこのままで良いのかドキドキしていた。このことは、交易場でも実に珍しいことと大評判になっていた」

というのである。角左衛門はこの話を見張番屋詰合役人坂濱村惣七という者から聞いて、

「珍事ゆえ控えおく」

と日記を締めくくっている。

ペリーの黒船が浦賀に上陸して七年、一年前には、神奈川（横浜）港が開港し、異人との貿易が活発になり始めた時期である。外国語も話せない男が指で値決めをした、それを異人の勘違いにより大金を得た男の話である。金額だけまとめると、一万円のヘチマを当初四万円、値切られて三万円で売るつもりが、金と銭との勘違いで百五十万円で売ったという話である。

（辻　清司）

文久元年五月「異星」あらわる

安政大獄を引き起こした井伊直弼が桜田門外で暗殺されるという大事件の後、幕末の政治の混乱はさらに進み世情不安はいっそう広がっていた。

その翌年文久元年（一八六一）の『雑書』では、五月二十六日の条に「異星現わる」という記事がある。

「丑の方異星出で申し候、形、常の星三十ばかり集め候ほど、凡そ廿二寸四方くらい、その光り移るところ余程長く御光差す、俗言ホヲキ星にもこれなく、三ヵ年前西方当たり右様の星出で顕れ、翌年三月三日桜田御門前にて井伊掃部守様大変これあり方、心配の事に御座候、神事専一に御座候」。

調べてみると、確かに文久元年（一八六一）五月に「テバット彗星」と名付けられた彗星が出現し、その三年前の安政五年（一八五八）にも「ドナティ彗星」が見られた（『多摩のあゆみ』135号）。『日記』でもその安政五年八月十四日に彗星の記事があり、その翌々年（一八六〇）に桜田門外の変が起こった。角左衛門はこの大事件を極めて珍しい天文現象と関連付けて捉え、このたびの彗星出現の後どんな大事件が起こるかと心配しているのである。

異星記事に続くこの日の日記には、

「東海道筋にドイツとか申す国の異人が長崎から出府する」

との情報が書き付けてある。角左衛門の心配は、開国したばかりの日本に異国人が次々と姿を現していることもあったに違いない。まさに「内憂」と「外患」の時代である。しかし角左衛門にとっては「神事専一」と言うしかなかった。

＊

「異星」記事をめぐって小島日記研究会例会では議論が沸騰した。

① 普通の星を三十ばかり集めた大きさとはどのくらいか、およそ二十二寸四方とあるから、七十三センチ四方という大きさ。どのようにして測ったのか。

② 「その光り移るところ余程長く御光差す」とあり、光が長く尾を引いてしかも光っている様子。本文ではいわゆる「ほうき星」ではないと書いているがやはり彗星であった。

③ 「三ヵ年前、西方当たり右様の星出で顕れ」とある。そこで、三年前の安政五年（一八五八）『日記』を開いてみると、たしかに八月十四日に彗星の記事があった。

「今晩東の方へ当たり異星相顕れ候由につき、即一見致し候処、そのこと果然彗星の類か、または槍の類なるべし、嗚呼心配の世の中じゃ」

と書いている。

文久元年（一八六一）の彗星について『藤岡屋日記』は、

「文久元年五月廿五日暮前より初めて西の方へ彗星出現につき、天文方より御届」

として幕府天文方の報告書を詳しく伝えている。天文方では「彗星の義につき旧記取り調べ」をしたところ、文政二年（一八一九）、文政八年、天保十四年（一八四三）、安政五年（一八五八）に彗星が見られたという。

安政五年八月の時の記事に、

「世上流行病があったが素より吉凶にかかわるものではない。近年の西洋の説にては、彗星の出現は天変災害の義にてこれあるまじく候」

と記しており、天文方は凶事と捉えてはいないのである。

これと対照的に小島家の日記では、安政の時も文久の時も「内憂外患」の世情不安と結びつけて、

「嗚呼心配の世の中じゃ」

と書き、

「神事専一」

とした。当時の庶民感情をそのまま現わしている。

（重政文三郎）

和宮降嫁と見張番屋

安政の大獄等で強権を振るった大老井伊直弼が桜田門外で暗殺されたあと、老中久世大和守・安藤対馬守は幕政の立て直しのため、公武合体に舵を切った。その一つに、孝明天皇の妹和宮と将軍家茂の婚姻があった。世に云う和宮降嫁である。

一行は、文久元年（一八六一）十月二十日に京都を発って、中山道を通って十一月十五日に江戸に入った。その行列は、五十キロメートルにも及んだという。反対する過激派が和宮を途中で襲撃し、京都へ連れ戻すという風聞もあり、警備は厳重を極めた。十二藩が輿を警衛し、二十九藩が沿道を警固した。

『日記』は十月二十六日に、

「和宮様御下向につき、組合取締向き御廻状来る」

と記す。和宮は十一月十五日に板橋宿を発ち

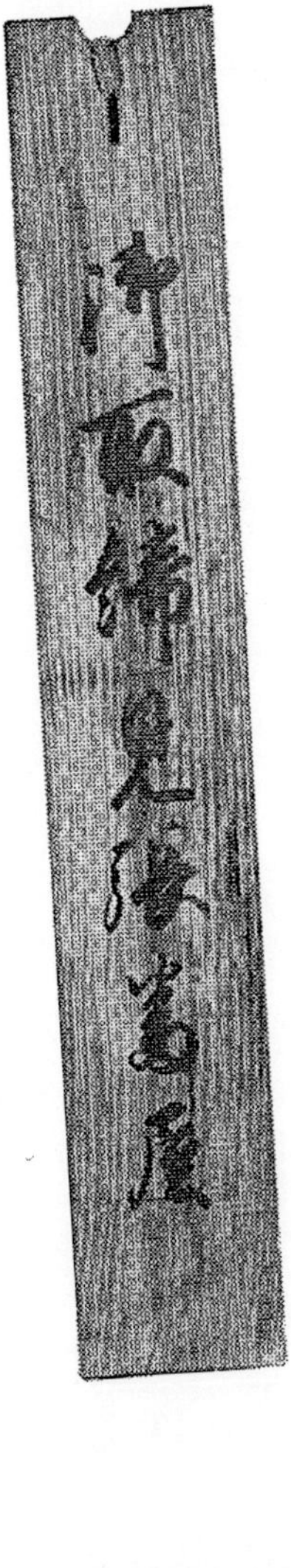

小野路村見張番屋の看板

清水御殿へ着輿した。すると、警護の番所は十六日に取り払われた。この時小野路に助郷の命令は来なかったが、黒川・坂浜・栗木・麻生あたりからは警護に人足を出している。

「百石に付六十人くらい、実に難儀困難の由」

と鹿之助は嘆いている。

二年前の安政六年（一八五九）五月に神奈川（横浜）が開港し、翌万延元年（一八六〇）に横浜から十里四方が外国人の遊歩区域となり、外国人の動向をさぐるために見張番屋が設置された。町田地域では、木曽と小野路に設置されたが、同年七月に廃止された。和宮降嫁の時に修理されて、文久元年（一八六一）十一月十三日から臨時で警備のために見張番が詰め、和宮が清水御殿に着輿した為、十六日夜には引き払った。

助郷制度が廃止され人々が苦役から解放されるのは、明治の時代を待たなければならなかった。

（廣井理恵子）

翻訳遅れで生麦事件が勃発？

文久二年（一八六二）八月二十五日の『雑書』には、生麦事件勃発時の村の様子が書き留められている。

「神奈川宿では、戦争の始まりを恐れ、宝物を蔵へ仕舞い、戸閉まりをし、村は静まり返った」という。

公武合体の象徴として、皇女和宮の降嫁はこの年二月に行われていた。五月には公卿大原重徳が勅使として江戸へ下り、護衛として島津久光が藩兵を率いてこれに従った。事件の様子を、萩原延寿が書いたイギリスの通訳アーネスト・サトウの日記『遠い崖・旅立ち』は、次のように語る。

「役目を終えた大原が八月二十二日に江戸を発ち、二十三日に神奈川駅を通行する、と幕府の通告は廿日にイギリス側へ伝えられていた。この両日は、イギリス人が神奈川あたりへ出かけない様にとの要請もしていた」

という。攘夷の嵐が吹き荒れていたこの頃、幕府も十分気を遣っていた。

しかしこの通告はオランダ語で書かれていた為、これを英語に翻訳し、イギリス駐日代理公使ニールの手元に届けられたのは二十一日だった。島津久光一行は二十一日に江戸を発ちその日のうちに生麦に差し掛かった。

「私の返書をオランダ語に翻訳させていた最中に事件が起きた」

とニールは語っている。もっとも『雑書』には、

「勅使は騒動に附き、直様江戸へ引き返した。」

とあり、事件勃発時に、島津久光一行の後ろでは大原一行が京都へ帰るところであった。

(廣井理恵子)

生麦事件の犯人は？

薩摩の島津久光の一行が東海道の生麦村で、殺傷事件を起こしたのは、文久二年(一八六二)八月二十一日のことだった。小島家には二十五日に伝わった。角左衛門は『雑書』に、鹿之助は『日記』にそれぞれ記している。

『雑書』では、

「異人片腕切られ候ままにて横浜表へ逃げ去り、婦人は峯打ちに逢い逃げ去り」

と記している。鹿之助は攘夷論者のため、

「島津の英名関東武士の及ぶ所にあらず」

と称賛している。

『雑書』には、十七日後の閏八月七日に次の記事がある。

「一　イギリス　百壱番　ハツベル外客壱人、
　　同　　三十三番　　客一人　　都合三人　」

東海道生麦村地内でイギリス人を殺したのは薩摩公の家来に相違ないが、外国方の取り調べに、薩摩公家来の国部市重郎は、

「犯人は当方の家来ではない。川崎宿より、供の格好をした面体を存ぜぬ武士が十四、五人いたので彼らの仕業である」

と答えた。イギリス人のミニストル（公使）が

「事件が起こったのになぜ捕まえなかったか？」

と問うたのに、

「これは水府の浪人で諸大名も持てあますほどのものなので、当方にても致し方なく」

と答えた。アメリカ人のコンシウル（領事）が、

「一体当日通行、前後両日は罷り出で候こと相ならずと、兼ねてから通達してあったので、今般の義は一切相構い申さず」

といったので、イギリス人は記録もしないでむなしく引き取ったという。

（小島政孝）

御殿(ごてん)の谷(やと)のいわれ

小野路保育園の東寄りに三方を山に囲まれた土地があり、毛雑谷（けぞうやと）と呼ばれていた。文久二年（一八六二）八月二十一日に薩摩藩士が生麦村で英国人を斬った生麦事件が起きた。鹿之助は攘夷論者のため、

「島津の英名関東武士の及ぶところに非らざる也」

と『日記』に記している。

英国はこの事件を国際問題と捉え、翌年幕府に対して下手人の引渡しと賠償金の支払いを要求してきた。朝廷は、この機会に攘夷を行なう絶好のチャンスと考え、徹底抗戦を命令した。幕府は、攘夷期限を最終的に文久三年（一八六三）五月十日と約束した。

幕府は、英国と交戦した場合、江戸は火の海になると想定して、旗本の妻子を江戸近郊に疎開させるようにとの触れを出した。鹿之助は、旗本山口氏のために、小島家所有の毛雑谷に臨時の住居を造った。それは、石坂昌孝の隠宅（二十三坪）を買い取り、移築したものだった。山口氏の妻子のために、池を作り金魚を放している。

三月二十三日の『日記』には、相原村旗本建部家の妻子、田代村には太田家の妻子が疎開した。五月十日には、小野路村相給の松平氏の妻子が江戸出立の記事がある。しかし、山口氏の妻子は疎開しなかった。

十二日の『日記』には、

「交易の義、英夷へ十九万ドル御遣わしにて講和に相成り候由、忠兵衛婿、横浜より帰りこれを話す。事実にて一笑の至り」

とある。老中格小笠原長行は、独断で五月九日に銀立てで英国に支払ったため、江戸は猛火から救われた。

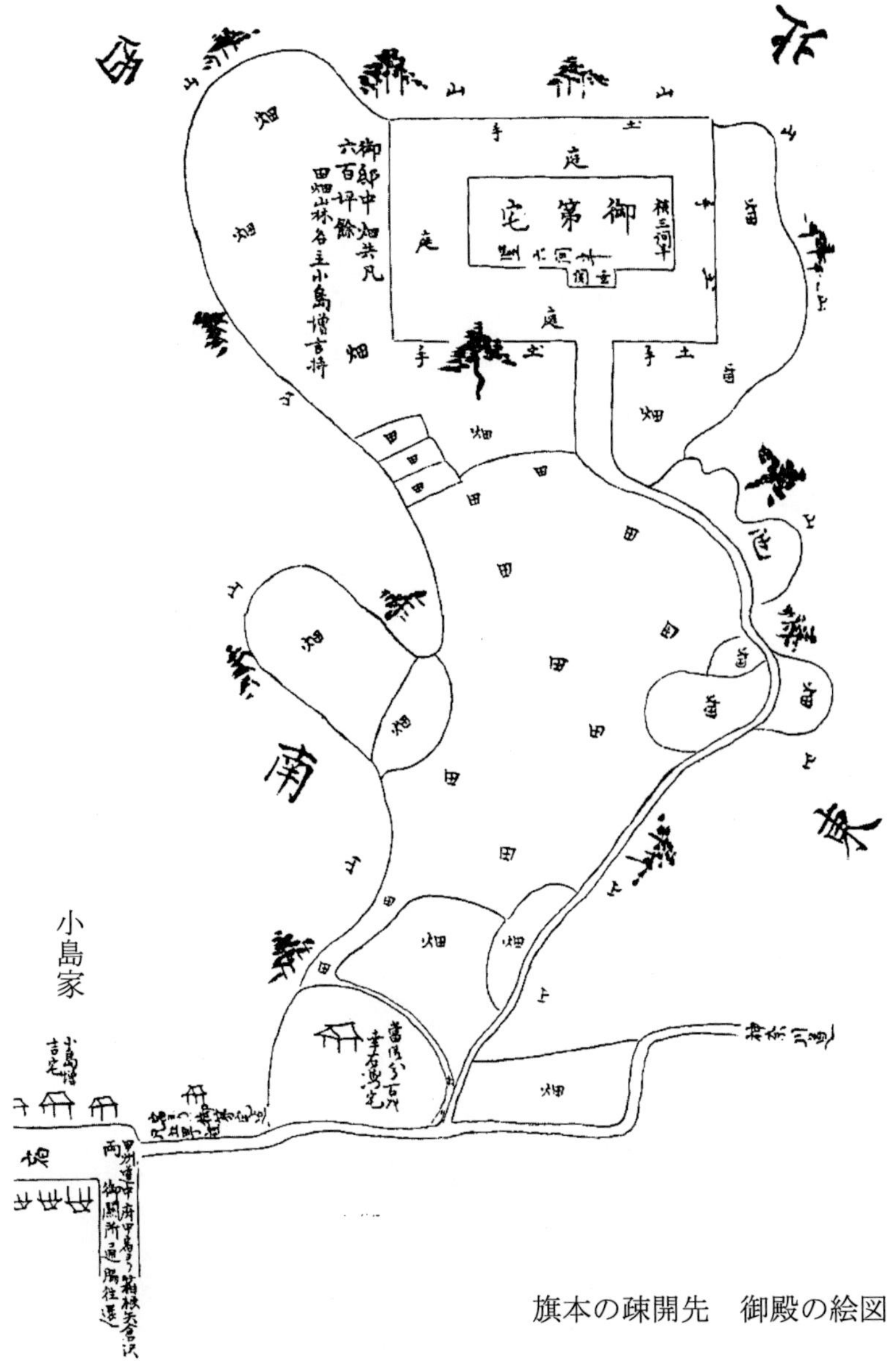

旗本の疎開先　御殿の絵図

毛雑谷には、旗本の御殿を造ったので、以後、御殿の谷（ごてんのやと）と呼ばれるようになった。

（小島政孝）

気象台以前の地震の記録

令和三年六月一日の読売新聞朝刊の編集手帳に次の記事があった。

「天気予報は明治の近代化とともに、東京で始まった。きょうは「気象記念日」である。一八七五年（明治八）六月一日、業務を開始したことに由来する。初の予報は「全国一般風の向きは定まりなし。天気は変わり易し。但し雨天がち」というおおざっぱなものだった。後の検証によると、当たったとも外れたとも言えないらしい。」

明治八年（一八七五）六月一日の『日記』では、

「天気午後三時頃より雷雨」

とある。一応雨が降ったから町田市域では当たったといえるが、雷雨は局地的だから、外れた所もあったかもしれない。

かつて東大地震研究所所長の宇佐美龍夫氏が、小島資料館に安政年間（一八五五）の小田原地震を調査に来訪された。その時、明治八年（一八七五）六月に気象台が業務を開始したので、それ以後の地震の記録はあるが、それ以前は、名主などがつけていた日記に頼るほかない。そのため、日本中の多くの日記を調べていると話された。

『日記』から小田原地震を紹介する。

嘉永六年（一八五三）二月

二日「昼九ツ時大地震、近来稀成事と申事、小地震夜九ツ時已にすべて八度余、更に安心もこれ無く候」

三日「四度地震、小山佐官弟子来る」

四日は、小野路宿角屋の二男が小田原方面に出かけて帰宅し、

「相州箱根より西部小田原在十ケ市場辺、當二日の地震誠に以て言語に尽し難し、人家を潰し大石等踊り出で、東海道往来留めの由」

とあった。

（小島政孝）

関東大震災の日記の記事

『小島日記』は、天保七年（一八三六）から大正十年（一九二一）までであるから、関東大震災については不明である。鹿之助の四男誠之進は、明治四十三年から昭和二十六年まで日記を付けている。

大正十二年（一九二三）は、五十七歳で、衆議院の速記技手をしていた。九月一日から五日までは万年筆で、特別に赤字で記している。

「正午前五分安政以来の大震あり、予（誠之進）等、輸長（内閣書記官長）更迭の為め、出院中に掛る。十時半旧寺田栄、新中村藤兵衛両氏挨拶了る。

速記課に休憩中突如激震、階下の壁落下塵烟（煙）濛々、森田、尾張、水野為三郎三氏と霞ヶ関を上り、三宅坂、九段を経、中坂より飯田町を経て帰宅す、

宅前屋根瓦堆と成す、貞子隣婦と難を大通りに逃れ一同無事、何共幸いぞ、夕に矢来町（本田氏）を訪う、矢来最も安穏、　火災数百町より起こり焔々天を焦がす、しかも地、層々震れ候止まず、夜大通りに露宿す、電燈、瓦斯、水道、郵便等公益事業一切阻止す」

誠之進は国会議事堂の速記課で休憩中に大地震が起きた。仲間三人と宮城のお堀端を歩いて自宅に帰った。妻貞子は、隣婦と難を大通りに逃れ無事であった。

翌日の日記には、

「駒治小野路より帰る。一同無事、賀すべきなり。田舎は安政度以上の激震、地裂け土蔵崩壊との事、懼るべし、懼るべし」

とある。小島家では書籍蔵が倒壊した。日記に大正十二年（一九二三）一月一六日の新聞の切り抜きがあった。易学家小玉呑象翁の今年の運勢は、

「地震と火事が多いので、ご用心」とあった。

（小島政孝）

村に感染症が流行

名医伊東玄朴の領収書

伊東玄朴は、江戸時代後期の蘭方医で、寛政十二年(一八〇〇)に肥前国(佐賀県)に生まれた。二十五歳のとき、長崎のシーボルトについて蘭医方を学んだ。

その後、玄朴の名声が高まり、安政五年(一八五八)五月江戸お玉ヶ池に私設種痘所を設け、蘭方医学の発展につとめ、万延元年(一八六〇)十月に種痘所は幕府直轄となった。玄朴の医学所は象先堂といい、多くの門人がいた。

伊東玄朴が小野路村に来たのは、名主橋本善右衛門政元の診察のためで、嘉永四年(一八五一)四月二十五日に診察に見え、五月十六日は二回目の往診である。

この時の謝礼は、鼻紙代金五両、六尺給金三両、金一分日雇い帰路賄い、合計八両一分を支払っている。現在の金にすると、約八十二万五千円である。

玄朴に支払った薬の領収書が一枚残っている。『日記』や、『雑書』で調べたが、支払いの記述はないが、嘉永四年のものと思われる。

覚

一　金八百疋

右謝義としてお送り
忝く受納致し奉り候
念のため此の如く候　以上

六月廿九日　伊東長春院
調合所　㊞

小嶋鹿三郎　殿

印は角印で、「象先堂之印章」とある。金八百疋は、銭八千文であり約二十万円にあたる。

玄朴の高弟織田貫斎も代診にあたり、玄朴も七月二十五日に来診したが、薬効むなしく八月一日に橋本善右衛門は二十七歳で病没した。

（小島政孝）

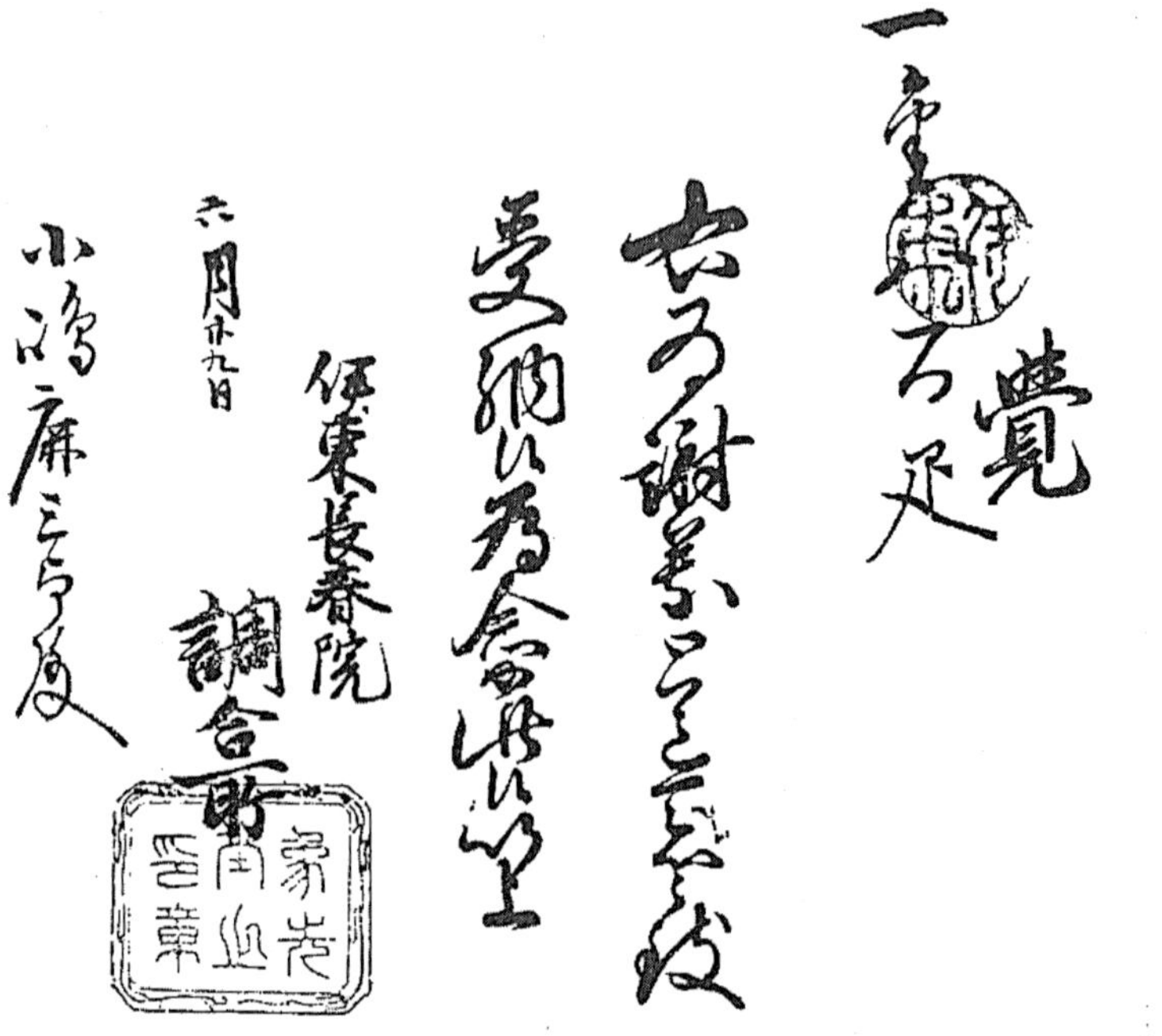

伊東玄朴象先堂の領収書

村の感染症対策＝種痘

日本史の中で古代以来人々を苦しめた感染症に天然痘（疱瘡・痘瘡）がある。幕末、それを予防する種痘のために長崎オランダ商館へ「牛痘苗」がもたらされたのは嘉永二年（一八四九）、すぐに長崎から京都・福井方面に広められた。江戸では、当時幕府はオランダ医術を禁じていたので公式には種痘はできなかったが、江戸の蘭方医・伊東玄朴やその弟子たちの努力で種痘が始まった。

小野路村で種痘が始まったのは二年後の嘉永四年（一八五一）である。当時小野路には相州上溝村の医師・井上篤斎がしばしば来診、また江戸の伊東玄朴の往診もあった。篤斎は江戸の伊東玄朴と連絡を取りながら小野路でも種痘を実施したことが、小島日記から読み取ることができる。

嘉永四年五月二十一日、篤斎のもとへ小野路から「吉蔵娘」が疱瘡を植えるために出かけて行ったという記事がある。小野路村から上溝村までわざわざ子どもを連れて行ったのは、子どもに牛痘を植えて連れ帰り、村でほかの子どもに移痘することによって広めるためであったろう。

吉蔵娘が上溝から帰ってから八日後の五月二十九日には篤斎が来村、五人の村の子どもたちに種痘をした。六月七日には十一人、十四日には十九人が種痘を受け、さらに二十一日、二十八日、七月六日、十三日と続いている。

小野路村だけではなく野津田など近隣からも子どもたちが来た。種痘の日の間隔がほぼ七日か八日になっているのは、種痘がうまく着いて（善感）いることを確認するためであっただろう。玄朴らによって江戸にお玉ヶ池種痘所ができたのはそれから七年後の安政五年（一八五八）であった。

（重政文三郎）

小野路村での種痘接種

『雑書』元治二年（一八六五）に次の記述がある。意訳すると、

「正月三日に相原村から種痘のため青木静庵医師が門人を同道して来た。この日は荻久保の善二郎の娘二人、大工米二郎の娘一人で謝礼の壱分弐朱は順二郎・忠二郎が負担した。九日にも相原村医師が来た。この日の種痘人は別所の武左衛門孫、惣兵衛孫、国五郎娘、増五郎妹、小山村から二人、久五郎孫二人、図師村琴二郎一人、台新太郎娘一人、半沢幸助娘一人、合計十一人。相原医師は小島家に泊り、翌朝帰って行った。小山村から来た女の子二人は宿の旅籠煙草屋へ泊り、医師に同道して帰って行った。」

種痘は天然痘のワクチン接種である。人類は永年天然痘に悩まされてきたが、寛政八年（一七九六）に英国人外科医ジェンナーが牛痘種痘法を発明して以降、終息の道を辿り、昭和五十五年（一九八〇）

遂にＷＨＯにより絶滅宣言が出された。

相模・多摩地域では相原村の漢方医青木得庵と養子芳斎（西洋医）の功績が大きく、『青木一族のわだち』によれば、得庵が相原の地で種痘術を唱え接種を始めたのは弘化二年（一八四五）、三十一歳の頃であったという。

『雑書』にある静庵は得庵の三男省庵と思われる。得庵の長子玄礼（伊東玄朴の門下生）が二十五歳で早世したため、得庵の後継者として修業を始めた頃と一致する。省庵の名は得庵と芳斎の陰に隠れてか、地方史にはあまり頻繁には出てこない。


（高場康禎）

文久二年の麻疹騒動

小島家では、文久二年（一八六二）六月十四日から患っていた鹿之助の子奈美について、

「孫奈美死去。全く麻疹（はしか）の熱気強く、医師麻疹の流行知らざる故、薬間違いとも存ぜられ・・・」

と角左衛門は断腸の思いを十九日の日記に綴った。

七月六日には麻疹の勢いは増々燃え盛り、十三日から近藤勇の代稽古に来ていた塾頭の沖田惣次郎が麻疹にかかり、十五日に布田宿まで馬で送った。

奈美が亡くなってそのショックで日記をつけなかった角左衛門は、その後七月十七日に、「余りにもめでたい書付」を見つけ日記に書き記した。それは天保七年（一八三六）十月二十日に長女の松と長男の鹿之助が麻疹にかかり、二十五日に回復したという記録で、角左衛門は安堵した。

しかし、麻疹の勢いは衰えなかった。

「この度麻疹流行の義は先ず日本国中の由」

旗本山口家の人々も麻疹にかかり寝付いてしまった。そのため、三日に生まれた仙之助の乳母を江戸中探したが、金子をいくら積んでも見つからなかった。山口家はやむなく知行所である村を頼り、小野路村では組頭孫兵衛の妻を遣わした。しかし、仙之助が麻疹にかかってしまい、盆まで孫兵衛妻を留め置きたいと、江戸から知らせて来たが、野津田村から替りの乳母を遣わした。

この後も麻疹だけではなく、コロリ（コレラ）の勢いもしばらくは衰えることがなかった。見えない恐怖の中、高名な蘭方医伊東玄朴などの努力も続いていた。

（廣井理恵子）

コレラ獣? 現れる

文久二年(一八六二)は麻疹が猛威を振るい、追い駆ける様にコレラが流行した。コレラはガンジス河流域の風土病だったが、アジア・ヨーロッパ・アメリカ大陸へ広まった。日本では文政五年(一八二二)に九州や中国・近畿地方を襲い、安政五年(一八五八)には、長崎から東北地方にまで及んだ。その背景には、商人・役人・軍隊・巡礼者たちの絶え間ない往来がある(『日本の時代史二十二』)。

文久二年(一八六二)の『雑書』によれば、四月七日には野津田の島屋常右衛門が、高名な蘭方医の伊東玄朴により、暴瀉病(ぼうしゃ病。コレラを指す)と診断されている。八月四日には小野路でも流行している。一日に三~四人も亡くなってしまうコレラの快癒を角左衛門は神仏に祈り、十三日の日記に「狐の仕業」と記した。

『藤岡屋日記』によれば、多摩郡三ツ木村で十七日、「流行のコレラにかかったところ二の腕に瘤の様な塊が出来揉みほぐしたところ快方に向かった。その後、いたちの様な獣が裏口から飛び出して行ったのを見留めたという。同じ頃、多摩郡中藤村

コレラ獣(『藤岡屋日記』より転載)

では、嶋屋の隠居が箱根温泉で入湯中コレラにて相果てた。死人の中から獣が駆け出したのを、その場にいた者が見留め、追いかけたが見失った」という。コレラ獣之覚には、

「毛並狐色より余程濃く、目丸く、手足猿の如し、爪は猫の形。」

と記され、どこかユーモラスな絵が添えられている。

コレラは明治十年（一八七七）にも大流行した。

（廣井理恵子）

外国流行　傳染病予防法　（『異聞録』明治４年、新聞から小島守政模写）

村の感染症対策＝麻疹とコロリ

文久二年（一八六二）六月から九月にかけて四、五か月間の小島日記には、麻疹とコレラ（コロリと呼んだ）のダブルパンチを受けた記録が連日書かれている。すでに本欄で廣井理恵子さんが取り上げたが、村の感染症対策を見てみよう。

『日記』では江戸町奉行所の調べで一万八千人死亡との情報を記録し、近隣の磯部村や木曽村など多数の村々の情報、とくに日野宿で一六〇人の病死があったと書いている。小野路村では麻疹一〇一人、うち死者十一人が出た。八月になるとこれに覆いかぶさるようにコロリが村を襲い、十一人の感染者うち一人の死者が出た。

病原菌も治療法もわからないこの時代、村人の頼るのは祈りしかなかった。村の三役人は急きょ集まり相談して、萬松寺から般若心経を借り出して小前百姓の末々まで各戸配布した。護摩焚きも行なわれた。またコロリは野狐の仕業ではないかとされ三峰山の御犬札を取り寄せて病人の枕元へ置いてみたら少々穏やかになったという。

領主・御代官からの触れとして、「悪気下り」とされた日、

「朝五ツ時に黒大豆八ツ、白米八ツせんじ家内中で呑む」

という「悪気祓い」が行われた。この日は、

「上様にて御祈祷あり、民の安穏をお守りくださる、ご心配いただき恐れ入り奉る」

と書いている。また「流行病の呪文」となる文字を書いて入口に貼ることも行われた。

＊

文久二年（一八六二）、百姓八郎左衛門が村で初めて流行のコロリの症状になった時、角左衛門はすぐさまその家に出向いた。

「芳香散二服を用い、からしの粉と温鈍(うどん)粉へ入れ、酢にて解き、足の平へぬり付けたところ苦痛少々よろしくなり、かゆを少々食べるようになった」

と日記にある。

この「芳香散」は、実は四年前の安政五年（一八五八）に初めて江戸でコロリが流行した時、幕府からお達しの方法であった。小島家に残るその通達の文書には

「桂枝・益智・乾姜」

を調合して作ることが詳しく書いてある。角左衛門はこの指示に従って村人のために「芳香散」を調合し治療したのである。

日本薬史学会の荻原通弘氏の話によれば、安政のコレラ流行の時に奥医師に取り立てられた蘭方医伊東玄朴らが考案して幕府推奨の薬とされたもので、明治以後も日本薬局方に載っていたそうだ。芳香散でコレラの予防効果はなかったが、コレラ菌未発見のこの時代、角左衛門の村人のための医療行為は、単なるまじないではなかったのである。ただし文久の時には幕府から芳香散の通達はなかった。

また、甲州道中日野宿や、同川原宿、拝島村でコロリの死者が多いことに着目した角左衛門は、

「その訳は、通りの中を水流し、それを呑み喰いしているからであり、井戸水では左様のことはない」

と書いている。ここにも角左衛門の冷静な目があった。

（重政文三郎）

幕府からの達書「芳香散の処方」

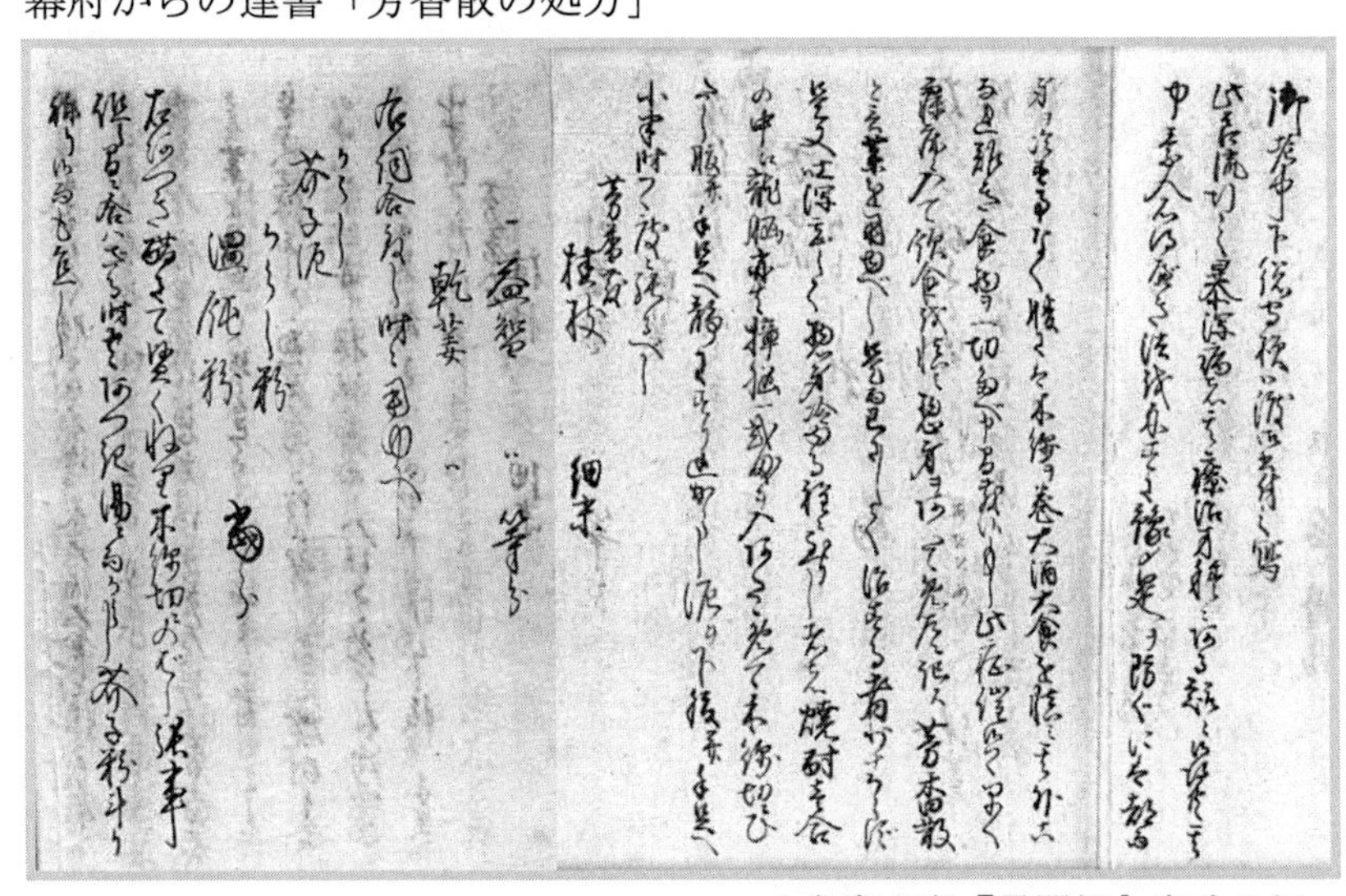

小島家文書『異聞録』安政５年

両国橋異変

両国橋は、治安上の理由で当初橋がなかった。ところが、明暦（一六五七）の大火で死者が多く出たことを切っ掛けに架橋された。『論考・江戸の橋』によると、幾つもの役目が義務づけられていたという。

まず橋の中央と東西両詰めの三か所に橋番所が設けられ、番人は橋が傷まないように利用者を監視するのが仕事だった。川の増水時や火災の時は人足や諸道具を用意し、降雪時は往来に支障がないように片づけ、夏は夕涼みの人などで混み合うので、夜はたびたび見回りをする、等々非常時へ備えるだけでなく、船着き場周辺の掃除も義務付けられていた。

ところが、『幕末夜話』は、

「お弔いの数を数えて置く位で実に楽な仕事だった」

と簡単に伝えるだけである。

しかし文久二年（一八六二）の麻疹の大流行時はそうはいかなかった。

八月二日の『雑書』に、

「江戸両国橋一日三百人余り麻疹にて病死の者通行也。百人通行ごとに橋を洗うので、一日三回橋を洗う。前代未聞の事」

と角左衛門は書き記した。『幕末夜話』も

「両国橋は棺が百個通る毎に掃除をし、水で清めて洗った。しかしそれが日に日に増えて、棺が間に合わず、箱詰めや樽詰めで間に合わすという騒ぎになったが、いつのまにか段々と減った」

と伝える。

『武江年表』も、

「日本橋でも一日棺の渡る事二百に至る日もあり」

と伝えている。

その後コレラの流行もあり、社会の不安は拡大した。

（廣井理恵子）

村で起こった事件

ブチの病犬小野路宿にあらわる

安政七年（一八六〇）二月十六日の午後二時ごろに、目つきの悪い黒白のブチの病犬がどこからかあらわれた。小野路下宿の中屋与兵衛の牛小屋に入ると牛の鼻面に噛み付いた。その後、病犬は、となりの半左衛門宅で日向ぼっこをしていた。

凶暴な犬がいる、と聞いた若者どもが集まってきた。名主橋本道助の叔父再造と旅籠煙草屋主人の二人が鉄砲を持ち出し三発撃ったところ、犬は驚いて逃げ出した。池田屋の菊二郎が棒で足を払い、名主利平司（旅籠角屋主人）も棒で打ったところ、再び駆け出した。さらに追いかけ犬の鼻面を打ったところ立ち上がり、また大勢で棒で打ちかかりようやく打ち殺した。伝馬人足を頼んで、犬の死体を堂谷の山に埋めた。

「足の腐りきらないところをみると、狼の血が混ざっているとも考えられる」

と角左衛門は『雑書』に記している。

『日記』をみると、剣客近藤勇が翌日剣術の出稽古に小島家を訪れている。近藤は、この小野路宿の犬騒動を面白く聞いたと思われる。実は近藤も、犬に襲われた体験があったからだ。鈴が森刑場

（現品川区）近くを通りかかったときに一匹の大きい野犬が近寄ってきたので小石を拾って投げた。この犬がギャンギャンと鳴くとどこからか、野犬が何匹も集まってきて近藤を取り囲むと猛り狂ったように吠え始めた。短い棒を縦横に振り回したが、なかなか犬に当たらなかった。

後に人から「犬を一撃で倒すには、側面から近づくと不意を衝かれてあわてふためくので、そこを殴ればよい」と聞いたという。

（小島政孝）

図師村の若者

令和元年九月、町田市立自由民権資料館で、特別展「町田の近代と青年」が開催された。幕末の若者の行動について、文久元年（一八六一）十月十八日の『雑書』に次の記事がある。

「昨夜五つ時（九時）頃図師村若者ども四、五人女郎買いに通行の節、村内若者どもへ理不尽の義申しかけ候とて、十人ばかり追いかけ参り候処、行き違いに相成り候まま帰宅。一体図師村若者ども近来馬鹿もの出来、往来の節、取りとめず悪口致し候事、ままこれ有る故の義につき、鹿之助、利平二両人図師役人周二郎方へ右の始末相届け、もし又、事でき候ては、両村役人ども甚だ以って気の毒の事に付、以来、両村とも心得違いこれ無きよう取締り致すべく段、実意に相掛け合い申し候」

とある。おそらく府中宿の飯盛旅籠（はたご）へ行くときに、小野路宿を通った時のことであろう。

十九日の条には、

「昨日談事の通り、今日小野路村の四給役人立会の上、十五歳より六十迄、印形爪印などこれを取る」

廿一日、

「今日上下図師村周二郎、弥右衛門両人先日通行の砌（みぎり）不埒致し若者両人召し連れ来る。先日高声致し候段、詫び入れに来る。理解申し聞かせ勘弁致し遣わすなり。」

とあり、若者の逸脱した行動が世間を騒がして事件になった。両村の名主が中心になって、このようなことが二度と起こらないように取り極めた事がわかる。

（小島政孝）

村はずれの行き倒れ人

江戸時代の旅は通常の場合徒歩であるが、時折、旅の途中で亡くなる人もいた。行き倒れ人のあった村では丁寧な扱いがなされた。しかし亡くなった場所が入会秣場（いりあいまぐさば）など、どちらの村ともつかない所では、関係する村々が協力し合って事の処理に当たった。『雑書』の文久三年（一八六三）二月九日に行き倒れの模様が記されている。

その日の午後二時頃、組頭佐兵衛が野津田村論所原に倒れ人がいると急ぎ知らせて来た。早速小野路村と野津田村の村役人数人が現場に駆けつけた。そこは両村の入会秣場で、息絶えた法印体の側には捨物、山駕籠などが散乱していた。ひと通り取調べを終え、両村の地頭所へ御検使願いを出すことで一決した。その間にも、行き倒れを聞きつけた近隣の者たち多数が手を合わせにやって来た。

十日に鹿之助と野津田村名主の又二郎達が御検使願いに江戸へ出向いた。両村の地頭所から掛り役人が来たのは十二日であった。変死人御検使の富田様の御意向で、行き倒れの場所は百姓太郎左衛門地先とされ、その後仮埋葬された。地頭所では方々へ身元照会をしたと思われるが、結局十九日になって本埋葬の御許可が届いた。遺体は身元不明のまま、小野路村萬松寺に丁重に葬られた。村々では見ず知らずの者でも、人の命が大切に扱われた一例である。

（高場康禎）

名主が解決した強盗殺人事件

文久三年（一八六三）四月二十日夜、武州都築郡上谷本村吉右衛門宅に盗賊が押し入り、倅太吉が殺された。二十二日に小野路村の寄場名主小島鹿之助へ上谷本村の隣村中鉄村の小惣代名主藤右衛門から事件の一報が届いた。

鹿之助は早速、道案内の広袴村音二郎と小山田村の沢二郎を呼び寄せ、現場に向かわせた。二十三日には、鹿之助も沢二郎を供に上谷本村に探索に行った。また、東海道程ケ谷宿詰の関東御取締出役増山権助様へ向け、事件の調書を音二郎に持参させた。二十四日には、盗賊が盗んだ女帯の手配書を名主や古着屋などに回した。鹿之助は、取締出役に逐一報告し道案内の音二郎らに指示を与え捜査を進めた。

その結果、犯人が捕らえられた。事件の動機は、村を追われた若い無宿者二人が市ヶ尾村の居酒屋で知り合った。二人は、食い詰めて上谷本村で強盗を実行し、騒がれて太吉を殺害し逃走したが、七月五日に奥州生まれの三蔵が捕縛された。さらに、七日に音二郎は、首謀者の延了という坊主を捕らえた。その後、延了の所持品の女帯を吉右衛門の家内に見せたところ、残りの端切れと一致し、強盗に奪い取られた品に相違ないことがわかった。

鹿之助は、捕らえた犯人を小野路村と木曽村の圏（仮牢）に入れ、口書（供述書）を作成し証拠品をそろえた。七月二十五日に御取締出役増山権助様に四人江戸送り継ぎ立ての御用状を提出し認められた。よって、事件は解決した。（事件の関係者の名前は仮名）

（中井静雄）

馬次郎の家出とお十夜祭り

小野路村の長兵衛倅馬次郎（仮名）は、文久三年（一八六三）六月十一日に出府し、帰宅したが、その後家出して行方がしれなかった。占いでは、東の方向にいるとのことだった。

十月十六日の『雑書』によると、八王子のお十夜祭りに行った東の万五郎娘が、平村(現日野市)の水車小屋付近で倒れている馬次郎を発見し小島家に伝えた。小野路村の五人組の七蔵と源二郎が迎えに行き馬次郎を連れ帰った。馬次郎の話によると、八王子宿に向けて家出したが、途中で八王子に米を売りに行く芝崎村の酒屋の人と知り合い、無人のため家を手伝ってほしいと言われ、芝崎村にいた。その後、酒屋の米搗き繁多のため、平村の水車番を頼まれ、九月十二日より十月十六日まで働いていたという。

翌年四月十五日、父長兵衛が小島家に来て、

「倅馬次郎は身持ちが悪く家出したので、昨日五人組の者が平村の水車小屋を尋ね、連れ戻そうと説得したが聞き入れなかった」

と話した。翌日になると安五郎が来て、

「孫馬次郎が家出して説得に応じないので、家督は姉に相続させる」

と述べた。

九月三十日に本町田村で芝居があった時、若者百人ほどが博奕を打ち横行、夜には落合村・乞田村で強盗事件が起きた。十月十三日に、関東御取締出役の渡邉慎二郎様の御用で、道案内の音二郎たちは逃げた強盗を捕らえるため、八王子のお十夜祭りを見張るという。

幕末の農村の秩序は少しずつ静かに崩れ出していた。


(廣井理恵子)

火事の奇説　―村の密通事件

鹿之助は『日記』文久四年（一八六四）二月二十三日の記事に、村のある若者と娘について

「火事の奇説あり」

と書いた。これを『小島日記29』用語解説では、

「元禄期の八百屋お七の故事で一途の恋を意味する」

と解説した。つまり鹿之助は、江戸で流行していた西鶴の『好色五人女』や浄瑠璃の人情ものを連想して密通事件としたのであろう。

一方、角左衛門の『雑書』二月二十六日の記事にはもっと詳しい顛末がある。

若者の家の馬の脚洗い場にて密通いたし、相手の女の夫がそれを見つけ村の者たちが駆けつけて大騒ぎ。集まった者たちは二人のことを気の毒に思い、この場は道案内の音二郎に預け、その夜は皆引き取った。音二郎は三人の村人を扱人として協議、

「寿金にて済み切り」

とした。ところが、二十六日になって、

「またぞろ起こり返し、女房を相手の男の家に投げ込んでしまった」。

五人組の人たちや仲人一同が立ち会い協議、

「五両酒二駄壱樽は仲人遣し、五両壱樽に済方」

にしようということになった。

江戸時代、不義密通は重罪、幕府の「御定書百箇条」では死罪。村で起きた事件も公となれば重罪となるが、村では「寿金」で済ませ、さらに「五両酒」で解決した。

ここで「五両」という額は、江戸で行われていた内済金の額ではないか。江戸では七両二分とか五両と決まっていたらしい。古川柳に、

「据えられて七両二分の膳を喰ひ」

とか

「時がりにちょっと五両は大き過」

などあるそうだ。

（重政文三郎）

博徒祐天仙之助とその子分

『雑書』、元治元年（一八六四）六月四日の条に、

「常州（常陸）、野州（下野）辺にたむろしている浪人十一人ほどが八王子宿へ参り、高尾山へ参

詣し旅宿した。付近にいた、甲斐国、勇天と申す博徒の子分一人呼び上げ召連れて行った。」とある。いわゆる水戸天狗党の一味が「勇天」の子分を連れて行ったという記述である。

この「勇天」とは「祐天仙之助」のことである。彼の生い立ち、エピソードを紹介する。

祐天仙之助は幕末の侠客で、文政七年(一八二四)頃に甲斐国で生れたという。甲府の行蔵院という寺で育ち、祐天と名づけられ若いころから剣術を好み力も強かった。甲府柳町の博徒の大親分三井の宇吉の子分となり代貸しとなった。

弘化三年(一八四六)甲府西の鷹尾寺の例祭で、甲州の侠客竹居の吃安(竹居安五郎)の用心棒桑原来助と喧嘩になり彼を殺した。

文久三年(一八六三)二月八日、将軍家茂の上洛に備えて清河八郎を隊長とした浪士組が京都に向かうことになった。この中に五番隊伍長として山本仙之助と名を変えた、祐天仙之助がいた。ちなみにこの時点では、近藤勇、土方歳三らは平隊員としての参加であった。

更に、山本仙之助は京都に残った新選組には参加せず、江戸へ戻り新徴組で江戸市中見回りを担当することになる。その新徴組の隊員の中に甲斐で、祐天に殺された桑原来助の子大村達尾がいて、そのことが発覚し千住で決闘となり、山本仙之助は大村に討ち取られてしまった。文久三年十月十六日のことであった。享年、四十歳位か。これはすぐに、敵討であることが証明され、大村は罪に問われることはなかった。

(辻　清司)

破られる村の平穏

水戸の藤田小四郎などによる元治元年（一八六四）三月二十七日の筑波山挙兵以後、『雑書』にも常州や野州浪人の情報がみられるようになる。六月四日に、

「常州や野州に集まる浪人どもが十一人程高尾山へ参詣し八王子へ泊り、横浜で交易する者を探索に来た。御取締役へ伝えたが、取り合わない」

という道案内の為吉の話を書き留めた。

七月二十六日には、

「筑波山へ打手として向かった歩兵頭の久世右馬吉様が、浪人共から討ち懸けられた鉄砲が背先に当たり、怪我をされ、家来共が討死したため江戸へ引き取りになった」

という、地頭所へ行った飛脚の話を載せている。この日はこれだけでは終わらなかった。京都で七月十九日に起きた禁門の変の風聞が並ぶのである。

「町家から出火し内裏の五か所が燃えたという。長州浪人が押しかけ戦争となった。まず会津様その他の大名と大合戦になり長州が負けたとのことだが本当の事はよく分からず心配である」。

この時には、近藤勇や土方歳三が会津藩お預かりの新選組として京都で活躍していた。そのころ村の

人々は自衛のために剣術稽古に努めていたが、翌日には、

「昨夜八ツ時大蔵村猪（井の）花の喜助の家へ押込があり、衣類金銭を奪って行った」

という村の事件が書かれている。

筑波でも京都でも戦争が起きて、村の治安は乱れ生活も平穏では無くなっていく。あと四年で明治を迎えることになる、幕末の多摩であった。

（廣井理恵子）

徴兵された村人

歩兵になった清十郎

幕末、海防の緊急性を痛感した幕府の前に立ちはだかった困難の一つに、直参旗本の洋式軍隊に対する拒絶反応があった。鉄砲を持つことを嫌うのである。では誰が鉄砲を担いで戦うのか。やむなく「歩兵組」設置の布告が出たのが文久二年（一八六二）十二月であった。『雑書』には、この頃清十郎の姿が活写されている。

翌年二月十九日に野津田・小野路両村から次右衛門の倅清十郎が選ばれた。

九月十四日、

「地頭所へ近々に差し出す書面には、羽織や九月分給金、布団その他で、合わせて八両三分を両村で負担しなければならない」。

二十三日に

「給金は地頭所から十両、あと五両は村方から、合計年十五両をお願いしたい」

と清十郎から申し出があった。更に、

「近々兵庫湊の警衛を仰せ付けられるので、四両借り請けたい」と言う。

ほっとしたのもつかの間、四キログラムの銃を担いだ訓練が辛かったのか、屯所での集団生活に馴染めなかったのか、清十郎は西の丸下屯所の窓を抜け出し欠落した。見つけ出され諭され詫びを入れたのは、十月二日であった。

一方これとは違った歩兵の姿が渋沢栄一の「雨夜譚」に記されている。

渋沢が慶応元年に一橋家の備中国にある領地で歩兵取り立てを行ったが、代官の妨害があり、始めはうまく集まらなかった。しかし村人の望みは強く、四百五十人以上が集まった。これを京都の大徳寺に集めて訓練をし、七月には兵制の組立が出来たという。一様には捉えられないのである。

（廣井理恵子）

幕府歩兵騒動はじめ

文久三年（一八六三）八月二十九日の『雑書』は、次のような事件を書き留めた。

「野津田伴助殿が来て言うには、新徴組と歩兵が口論となり双方に怪我人が出た。そこは、象の見世物小屋で、木戸番ほか三人が即死した。これは歩兵が斬り殺し、騒ぎになったのだという。不怪なことだ」。

文久二年（一八六二）十二月の布告で集められた歩兵には、

「文久三年七月以来月六日の休日が与えられた。その日に市中を徘徊し、浅草・両国など見世物の無銭見物で事件は起きた」

と江戸の情報誌『藤岡屋日記』はまず断じる。

「象の見世物小屋の木戸番と口論になり、歩兵が脇差を抜き打ち合いとなり、双方に怪我人がでた。そこで、市中見回りの新徴組が駆けつけ、刀を抜いて追い散らした。歩兵の怪我人などを自身番で捕えたが、木戸番定吉が深手を負っていた。手当てをしていた時に、歩兵七～八十人が抜刀し竹槍を持ち押し掛け、小屋を打ち壊した。とうとう町奉行所が乗り出し、殺傷などの検視をすることになったが、歩兵指図役が籠を運び込み、検視の済まない歩兵の怪我人十七～八人を引き取ってしまった」

という。

その後に歩兵の申口がある。

「木戸番が罵り私の脇差を奪って打ち掛かってきたので、気絶した」。

「歩兵多数が口論し騒ぎが大きくなった時、木戸番が矢庭に鋸を持って私に打ち掛かってきたので、鋸を取り上げ、象小屋を打ち壊した」。

いずれも木戸番から事件を仕掛けたことになっている。幕府歩兵による騒動はじめである。


（廣井理恵子）

歩兵源五郎の困窮

天保八年（一八三七）の『日記』によれば、久右衛門（仮名）は、扶養家族を七人抱えた子沢山で困窮し、大飢饉が始まった天保四年（一八三三）に扶食手当として金三分二朱を借りた。これは富裕層による凶作時の窮民救済であった。大飢饉はその後天保十年まで続いた。

安政五年（一八五八）に久右衛門の次男で二十一歳の源五郎（仮名）は、近村に奉公に出て家族を助け、その後小島家の下男として働いた。文久三年（一八六三）十二月十日に、領主山口直邦の上京のお供として、京都へ遣わされることになったが中止になった。翌年一月四日に出府して、山口家に雑役夫として詰めた。暫く江戸と小野路を行き来していた。

文久三年（一八六三）以後は歩兵組設置の布告により、村から若者が選ばれて歩兵になった。最初に選ばれた小野路村の清十郎は出奔を重ね、慶応元年（一八六五）五月に代わりの歩兵を出すように仰せ付かった。この時選ばれたのが源五郎である。しかし、七月二十六日に、久右衛門と源五郎は薬代を払えず金一両を小島家から借りている。ところが源五郎は、慶応二年（一八六六）正月に屯所へ戻らないと言い出したが、母親に諭されて戻って行った。

その後の様子は、幕府が瓦解した慶応四年（一八六八）の十一月二十六日に、父久右衛門は病死した。小島家は米一斗と味噌を源五郎へ手向けとして遣わしている。

（廣井理恵子）

小野路村仙蔵、長州征伐で戦死

角左衛門は『雑書』慶応三年（一八六七）四月八日の条に、長州征伐に参加した小野路村別処の庄左衛門の倅仙蔵の事を書いている。

仙蔵は黒川村旗本駒井様の歩兵として昨年の長州征伐に参加した。

幕府軍の長州侵攻経路は四つ。山陽方面の芸州口、山陰方面の石州口、九州方面からの小倉口、そ

して瀬戸内海方面からの大島口であった。この時長州側は武士だけでなく、民衆の郷士防衛意識も高まり、

「今般、徳川氏の暴挙、防長の士民憤激・・・・」

と討幕の激文を発して幕府軍を待ち受けた。

六月七日開戦、大島は幕府軍が占領したが、芸州口・石州口・小倉口共に長州が優勢。ところが悲運にも大坂城まで来ていた将軍家茂が病没。八月一日には幕府軍が拠る小倉が落城し、小倉総督小笠原長行が逃亡。

幕府は将軍死去を理由に八月二十一日、解兵の勅を得た。

この時の激戦で不運にも仙蔵は芸州大野村で討死したという。

角左衛門は続ける。

「仙蔵当座の御手当として金拾七両下し置かれ芝増上寺に埋り候処、この度お呼出しにて金百両下し置かれ候由に付き、駒井様より御沙汰にて明日出府と申し来たり候、先ず珍事控え置き申し候」

去年十月に軽い脳梗塞で倒れた角左衛門は、この日記の六日後に風邪を引き、十五日間程床に伏せたが、五月五日に再発。その日の午後静かに息を引き取った。

（高場康禎）

長州戦争での戦死情報

幕府崩壊のきっかけになった慶応二年（一八六六）の長州戦争は、旧式の幕府軍が戦意も低く、奇兵隊など新進気鋭の長州軍の前にあえなく敗れたと言われる。しかしこの戦争では新しく西洋式に訓練された幕府歩兵隊が参加しており、その兵たちは幕府が「兵賦」によって集めた農民兵だったことはあまり知られていない。

小野路村からも、幕府歩兵として出兵し戦死した農民がいた。『日記』慶応二年（一八六六）十二月三十日に、

「小川浪五郎　寅五十二才、芸州大野村にて当八月七日戦死」

とある。芸州大野村は現在の広島県大野浦のあたり、長州戦争で幕府が長州に攻め込んだ四方面の一つ「芸州口」の戦場となった村である。芸州口の戦いは彦根藩兵が退却したのち紀州藩と幕府歩兵隊が長州軍と激戦を展開した。

鹿之助の門人・小川重太郎が彼の叔父の戦死情報を伝えたのである。

浪五郎が従ったのは旗本の駒井様で、戦死に対して幕府から七両、駒井甲斐守から五両の見舞金が出た。上から戒名が贈られ「忠譽義岳信士」と記されている。

小川家の位牌

この小川浪五郎の子孫は、町田市小野路町別所の小川康夫氏で、小川家の仏壇の位牌には、

「忠誉義学明光信士位」

裏には、

「俗名　歩兵浪五良（郎）　仙蔵、徳川幕府征長軍ニ従ヒ芸州大野ニ於テ戦死、時ニ慶応弐年八月七日」

とある。浪五郎（仙蔵）について、小川康夫氏は、

「鉄砲隊で戦ったと思います」

と話されている。

浪五郎は旗本の名前からみると、隣の黒川村の歩兵として出兵したのであったろうか。

（重政文三郎）

長州戦争で戦死した兵士の墓

慶応二年（一八六六）の『日記』に

「小川浪五郎　寅五十二才、芸州大野村にて当八月七日戦死」

という記事があり浪五郎のご子孫のことを紹介したが、『雑書』慶応三年（一八六七）四月八日の記事では

「別所庄左衛門倅仙蔵と申す者、黒川駒井様歩兵に罷り出で、昨年中長門征伐に登り芸州大野村にて打死・・・芝増上寺埋り候」。

とあり仙蔵は浪五郎と同一人物である。芝増上寺に葬られていることがわかり、墓を探しに行った。増上寺の塔頭・安蓮社の墓地に「海陸軍戦死之墓」があった。この墓碑の側面に「歩兵指図役・友成求馬」はじめ十二名の名前があった。長州征伐の戦いで戦死した幕府士官である。裏面は勝海舟の弔辞文である。

そして、石碑の台座に目を落とすと、そこに三十六名の戦没兵士の名前が列記されている。その中に、

「駒井甲斐守兵賦　波五郎　歳三十」

の文字を発見できた。戒名は、

「忠譽善順信士」。

とあり、

「芸州佐伯郡大野村戦死」

と刻まれている。

日記に書かれた情報と一番違っているのは年齢であったが、旗本の駒井甲斐守の兵賦として取り立

てられ、出征し、戦死したことが読み取れたのである。

他の三十五名の文字も、ほとんどが旗本の「兵賦」である。

文字を丹念に読んでいくと、浪五郎と同じく大野村など芸州口での戦死が一番多く、周防大島久賀庄での戦死が数名である。小倉口では軍艦上での戦死が二・三名あった。

年齢を見ると、二十歳から最長四十六歳であるが二十代が大多数であった。

『藤岡屋日記』によれば慶応二年（一八六六）十一月二十五日に増上寺で葬儀、幕府陸軍隊など一万余が参列、三百名の僧侶の読経があった。盛大な葬儀と記念碑であるが靖国神社には葬られていない。

（重政文三郎）

海陸軍士戦死之墓（増上寺塔頭・安蓮社墓地）

戦死した浪五郎の甥市太郎

「小川重太郎が叔父の戦死情報を伝えた」と書いたが、正確には「市太郎」と書いてあることがわかった。また、年令は、四十一と書いたのを消して、その左に亥（文久三）五十二才と記している。重政文三郎氏によると、幕府が募集した年令は、十七才から四十五才といわれるので、先に書いた四十一が正しいと思われる。

市太郎は、慶応二年（一八六六）七月に結成された小野路農兵隊には、銃隊伍長として二十三才で参加している。明治十四年（一八八一）の『日記』には、九月三十日の項に、

「別処小川四郎右衛門悴市太郎来る、金五十円、来る十五年六月十六日まで證文貸し、焔硝（有煙火薬）右は慶応丁卯（三）年村方にて農兵調練の節、村資を以て買い求め置き、事後是迄我等宅にて預かり置き候処、火薬の義につきはなはだ不用心につき、右市太郎義ハ銃術熟練かつ、免許も受けおり候処につき、今日同人へ貸渡し、尤も後年村方にて入用の節は、品の高下を論ぜず返却致す約定なり」

とあり、小野路農兵隊の余った火薬の処理を市太郎にゆだねている。

市太郎は、銃術熟練かつ、免許も受けおりとあり、鉄砲の名人であつたことがわかる。子孫の小川

康夫氏の話では、市太郎は「鉄砲一」と呼ばれていたという。市太郎は二男に「銃作」という名をつけている。このことから、小川家では、浪五郎、市太郎、銃作と三代にわたって鉄砲の扱いに優れていた人がいたことがわかった。

（小島政孝）

幕末の世情

上野池之端仲町斬り合い一件

『雑書』慶応二年（一八六六）正月十二日に次の記事がある。

「当日八日、上野池之端仲町にて用役神崎口論致し、互いに切逢い候由、此の節懸合い中と申す事也」

この事件は、江戸市中の情報紙『藤岡屋日記』正月九日に載っている。

西丸御留守居山口近江守家来の神崎広人は右の鬢四寸二分程・幅二寸四分程切り取られた。相手の小普請組支配荒尾平次郎家来の清水元四郎は唇と左の中指に切疵を受けた。

昨八日夕七ツ時（午後四時）頃、神崎広人は年頭挨拶の帰途、また清水元四郎は上野町日蓮宗徳大寺の摩利支天（武士の守本尊）参詣の帰途、両者は池之端仲町（不忍池の南側）で行違い様に元四郎の傘が広人に当たったという。些細なことから争いとなり両人抜刀し二、三合切り交えた結果が右の始末。通報を受けた両屋敷からは代人が駆け付け、酒狂の事故内聞にと仲町行事に一札差入れて一件落着となった。

ところが池之端仲町名主によると、狭い往還での往来繁多な折、見物人は山をなし誰一人取り押さえる者もない。この時、

「あたら武士を二人も殺すことはならぬ」

と八十余の老人が二人の中に割って入った。双方を宥め町内自身番へ連行して行ったという。この老人は誰あろう。尾州御広敷同心、隠居伊藤栄四郎八十七歳であったという。

末尾にある狂歌が面白い。

聊な事に身命抛（なげうつ）は
　摩利支天にも見放されしか

あたら武士身のおわりこそ惜しけれど
　他人の身をも伊藤栄四郎

（高場康禎）

長脇差と短筒所持で召捕られ

角左衛門は、『雑書』の慶応二年（一八六六）三月十九日の記事に、日野宿の百姓代文右衛門（仮名）という者が、上州方面で関東取締出役に捕縛されたという話を書いている。

「文右衛門は召使の源八を連れて、上州榛名山を参詣したのち太田宿にある呑龍権現へ向かっていた途中、巡回中であった関東取締出役・渋谷鷲郎に召捕られた。渋谷は彼らが〝風俗怪しき者〟として差し押さえ捕縛し訊問した。文右衛門らがそれぞれ長脇差を帯びていたからである。」

『日記』では、

「申し訳立ち難き品を所持していた」

として、「短筒・長脇差・鎗」の三品をあげ、さらに金二百両も懐に入れていたことを記している。

文右衛門たちを捕えた渋谷は、三月八日のその日、身元確認のために日野宿名主に照会の手紙を出すのだが、それを府中宿の田中屋万五郎に託した。

万五郎は府中宿で旅籠屋を営む傍ら道案内として取締出役の下働きをしていた人物である（花木知子「府中ゆかりの人物⑧田中屋万五郎」）。

万五郎は手のものを日野宿へ走らせ、名主・佐藤彦五郎から文右衛門たちの身元保証を取り付け、その結果三月十五日に文右衛門ら二人は日野へ帰宅することができた。これらの経過は、『佐藤彦五郎日記』にもあり、取締出役との往復書簡も遺っている。

幕末の一般農民でも神社参詣の旅に長脇差と六発込めの短筒を持ち歩いていたことに驚く。風俗の乱れというべきか、角左衛門は『雑書』に、

「慎むべきことに御座候」

と戒めている。

（重政文三郎）

犬の受難

『雑書』には、犬のとんだ受難記がある。それは、慶応二年（一八六六）四月二十九日夜に、小島家に飼われているドル（トロ）という犬と、長兵衛に飼われているテクという犬が、小山田村の某に槍で切られた事件である。ドルは槍で突き殺され、テクはしっぽを切り落とされ、他に二か所を切られたが、なんとか一命は取り留めた。

角左衛門は

「馬鹿者である。」

と怒っている。

ここで、某の言い分も聞いてみよう。その記録は、『日記』の五月二日にある。小島家の犬ドルは、小山田村某の門前で、某の犬と咬みあいになりドルが打ち勝った。ところが、某は飼い犬が咬まれたことに腹を立て、ドルを槍で突き殺したという。大怪我をしたテクは、運悪くとばっちりを受けてしまったのだろうか。何とも殺気立った物騒な事件である。

さらに、五日の条に、

「某が、犬の事で謝りにきたので許した。」

とある。

この背景には、不安と不満の高まった世相が反映していると思われる。この年は天候不順で晴れることは少なく、桑の出来も蚕の育ちも悪かった。秩父の名栗村（飯能市）から百姓一揆が押し寄せる、そのひと月前のことである。

（廣井理恵子）

ポチとドル

ＮＨＫの「チコちゃんに叱られる」で、「犬はなぜ〝ポチ〟と呼ぶの」というのがあった。明治の初期に英国人が犬を連れていたら、日本人がそれを見て「ブチ」と呼んだ。英国人は、英語と思って「パッチーズ」（ブチの意味）と言った。日本人は聞き間違えて、「パッチ」と聞き、さらに聞き間違えて

「ポチ」になった。

さらに一般に広まったわけは、明治十九年（一八八六）の尋常小学校の教科書に、

「ポチハスナオナイヌ、ポチコイコイ」

や、小学唱歌の「はなさかじじい」（明治三十四）の

「うらのはたけでポチがなく」

や、「犬」（明治四十四）にポチが登場し、犬の名前として定着した。

小島家では、慶応二年（一八六六）に飼っていた犬は、

「ドル」

という名前だった。横浜が開港し、アメリカのお金がドルだったのでこれにちなんで名がつけられた。ドルは、四月二十九日に、下小山田村某の門前でそこの家の犬と咬みあい、ドルが勝ったが、怒った某に槍で突き殺されてしまった。五月五日に、某が犬のことにつき小島家に詫びにきたので勘弁した、と『日記』にある。

幕末には、犬はつないでいなかった。明治六年（一八七三）四月に狂犬病で九名の犠牲者が発生し、東京で畜犬規則ができ、犬をつなぐようになったという。十四年七月に全国を対象に「畜犬取締り」が施行された。日本の狂犬病は、昭和三十一年（一九五六）を最後に終息した。

（小島政孝）

江戸時代末期の米相場

角左衛門の『雑書』慶応二年（一八六六）五月二十七日に、米相場のことが書かれている。登戸の米屋によると、

「東海道在中に至るまで困民ども党を結い、聊かの事にても角立て候、人気押し移り候故か諸方共少々引下げ、当時一斗三升五合位と相成候由…」。

米穀商は打毀しを恐れて少々値下げしたという。一両（八〜十万円）で白米一斗三升五合というから、現在では想像を絶する高値である。

小野路村辺でも一両で一斗四升、八王子では一斗三升八合とある。六月朔日の記事には、丘庫・大坂辺で米商人ども打毀しとの急飛脚。これを受けて御府内では米を一両に一斗四升から二斗位まで値下げしたらしい。

神奈川宿の米屋某は、米一斗五升を一両の割合で買い占め、駿州方面等で売り捌こうと二千俵を船積み、五月二十日頃出港したという。ところが浦賀湊沖で船は壊れ敢えなく沈没、積荷は海のモクズと消えてしまった。やむなく訴え出たところを召捕られたという。神奈川宿から戻った下小山田村名主若林三右衛門の話を書いている。

米価は長い間、ほぼ一石（一人の年間消費量）一両で推移して来たが、安政五年（一八五八）日米修好通商条約締結以降は貨幣価値の下落で、遂に約十倍にも跳ね上がった。

（高場康禎）

武州一揆の脅威

慶応二年（一八六六）は不作の年で、米価も高騰し江戸近郊でも米屋の打ち毀しなどが起きていた。六月十三日に武州秩父郡名栗村の百姓が飯能村の穀屋・酒屋などを打ち毀したことに端を発した百姓一揆は、蜘蛛の巣状に広がり二百ヶ村に飛び火し、参加した民衆は十数万余人という。

『日記』では、二日後の十五日の条に記事がある。

「昨日八ツ時頃、秩父名栗村村々より二百三十四ヶ村程凡そ三千人ばかり押し出し、赤白の旗押し立て、飯能其外打ち毀し、今日府中へ押し参り候につき、巳下刻書き取り候処、渡辺様へ御用状差し出す」

とある。そして小野路村の三十三人の名前が書かれてあり、その上にカタカナで、ヤとかテとか記されている。これは、所持の武器をあらわしており、槍と鉄砲のことである。

十六日は、

「関戸河原へ賊徒防御のため遣わす」

とあり、

「今日日野宿農兵筑地河原にて賊徒八、九人討ち取り、生擒り二十人ばかり、田無組も同断の働きにつき賊徒敗走」

とあり、夜中に鹿之助は、小山田、図師、野津田、大蔵、真光寺へ出勢の廻状を出した。

翌十七日には「出勢引き取る」とある。一揆の主力は、横浜の商人をめざして南下したが、筑地河原で多摩川を隔てて対峙したが、江川代官所役人のひきいる日野農兵や関東取締出役などの手によって鎮圧された。

小野路村は、佐藤彦五郎の要請で、関戸河原を守っていたが、一揆勢はこなかった。鹿之助は、

「関東取締出役と江川代官の農兵の武功によって、家族団欒して食事をすることができる」

と記している。小野路村は、一揆の一ヶ月後に農兵隊を結成する。（小島政孝）

勤皇を表す小野路農兵隊長旗

『雑書』によると、慶応二年（一八六六）六月十四日に秩父郡名栗村から押し出した一揆勢のうちの一組は、十八日には多摩川簗地の渡しまで押し寄せたという。この時は江川太郎左衛門の手代増山様という砲術教示方が、佐藤彦五郎の率いる日野宿農兵隊を引き連れて駆けつけた。舟上から弾を撃

ち、およそ二十人を打ち殺し、拾人ほどを生け捕りにした。この為一揆勢は川を渡ることが出来ず、その後方向を変えて五日市か青梅へ向かった模様だ。

小野路ではこの事件をきっかけに、七月に農兵隊が組織され、この時作られた鹿之助の隊長旗が、小島資料館に現存している。これは唐縮緬白地で作られ、書かれた字は赤色に染め抜かれている

同じ十九日には、孟宗竹が二本切られ竹籠も作られた。

廿一日の『日記』には、農兵隊で調練の指揮を執る漢方医が旗を縫いに来たと記されている。この旗は枝に引っ掻けても破れないように、五センチ間隔で縦横に縫いこまれて補強され、実戦向きに作られた。

旗に書かれた「一樹春風両句詩」は、江戸の漢詩人大沼枕山の「児島高徳」という七言絶句の第二句に当たる。尊王の志を謳った旗であった。

（廣井理恵子）

一樹春風両句詩
児島為政

小野路農兵隊の隊長旗

盗賊三件

『雑書』の慶応二年（一八六六）六月一日に次の記事がある。

「今日四ッ半（午前十一時）頃、相州高座郡淵野辺村、木曽村、根岸村三ヶ村入会、龍造寺上ノ原にて、野津田村又七、新助、伝平衛三人が繭仕入に出かけたところ、面体存ぜざる坊主一人、俗人一人に会ったところ、『このたび贋金遣わし候ものがいたので取り調べている』と言って、又七と伝平衛を縛り、新助が後から行ったところ、同じく縛られ、懐中に手を入れ、胴巻を取り上げられ、『声を立てたら斬り殺すぞ』と脅された。

賊が去ってから大声で叫んだら、青苅などの作業をしていた人が十人ほど駆けつけてきた。そして、賊の後を付けて磯部原の二つ塚まで見送った。」

この事件について木曽村役人に届け出たので、木曽村名主継之助が、この事件を書き取り小島家に文書を送ってきた。角左衛門は、牧二郎と才市郎を木曽村へ遣わした。

また、六月五日にも事件が起きた。野津田村字川嶌丸屋忠九郎が別宅で道端で荒物渡世をしていたところ、一人が抜身を持ち一人が竹にて拵（こしら）えた手槍を持ち、手ぬぐいで頬かむりして、忠九郎を押さえ、金子などを奪い盗って逃げた。

六日には、木曽村名主勘右衛門によると、

「旗本二男で剣道修行のものがきて、小遣い銭に差し支えたので金を貸せと言ってきた」。

そこで、関東取締出役に伺いを立てたという。

十四日には、武州一揆が勃発する。

（小島政孝）

図師村のお救い米

慶応二年（一八六六）の『雑書』には、江戸末期の社会情勢が随所に散りばめられている。村役人らは不作にあえぐ困窮農民への助成を随分行っている。

七月八日の記事に図師村の件が記されている。この日、同村名主で漢方医の井上周二郎が内密に角左衛門を訪ね知らせて来た。実は昨日、図師村で生活に困った小前の百姓たちが三人、五人と村役人方へ窮状を訴えて来た。

「一人前米六俵ずつ何とか貸してほしい」

と言う。その場は兎にも角にも引取らせ、村役人らの話合いで対処する事となったらしい。

図師村の前名主甚右衛門の『晴雨日記』七月七日には、

「村内貧窮の者へ村役人共申し合わせ、当盆前救い米差遣わし申すべき由の諸事、十王堂にて寄合致す‥‥」

とある。貧家の数は全部で十三軒、三両ずつ工面して総計三十九両を村役人が拠出することにした。ところが噂は噂を呼び、困窮者は四十四、五軒にまで増えてしまい、道端で何やら相談をする始末。大勢で集まることは御法度の時代である。角左衛門は図師村の役人を呼び寄せ、事の鎮静を申付けた。真に困窮している五軒に端を発した事件は、結局その五軒の助成で決着した。

七月十一日には図師村の周二郎ほか村役人が角左衛門を訪ね、

「過日徒党一条いよいよ鎮静に相成り候間、此の段届け出候‥‥」

と報告に来た。角左衛門は内々で関東御取締御出役様へ「御用状」を認め、御心配無き様報告をしている。

（高場康禎）

大政奉還の情報

慶応三年（一八六七）十月十四日の大政奉還の情報が多摩の地に届くのは、『日記』によれば、十月二十五日であった。

早朝、野津田村名主・石坂から、

「京都大騒擾の趣、書取り申し越す」

とあり、次いで小山田村名主・薄井謙斎からも、江都出先よりの書状が来着した。鹿之助は即日日野宿名主・佐藤彦五郎へ知らせたことが、『彦五郎日記』二十六日に、

「昨夕、小野路村鹿之助・道助より京都騒動の義申し越し候」

と書き込まれていることでわかる。

多摩の名主の情報伝達ネットワークがよくわかる事例であるが、さらに彦五郎は情報収集に積極的に走る。

彼はまず大沢村の宮川音五郎に手紙を書いて、会津藩江戸屋敷へ惣兵衛をやって問い合せしてくれるよう依頼した。

その結果、二十七日に大沢村から宮川惣兵衛が日野宿へやってきて言うには、

「京都の騒擾の義、会公屋敷にても巨細相分かり兼ね」、家来の者を早駕篭で京都へ派遣しているので、江戸へ帰り次第近藤方へ知らせる、

ということであった。惣兵衛はまた、

「右は、外夷の義に付き大樹様御職掌在らせられ難く、御辞職の義、御所へ御願い立て、還御在らせらる御触れ出しもこれ有り、混雑中何ものか発砲いたし騒動および候へ共、早速鎮静相成り候由に付き、大樹様・会津様並び新選隊、別条御座なき趣にこれ有り候事」

とも伝えてきた。(『彦五郎日記』十月二十七日)

情報が多摩の地を駆け回っている。

(重政文三郎)

新選組こぼれ話

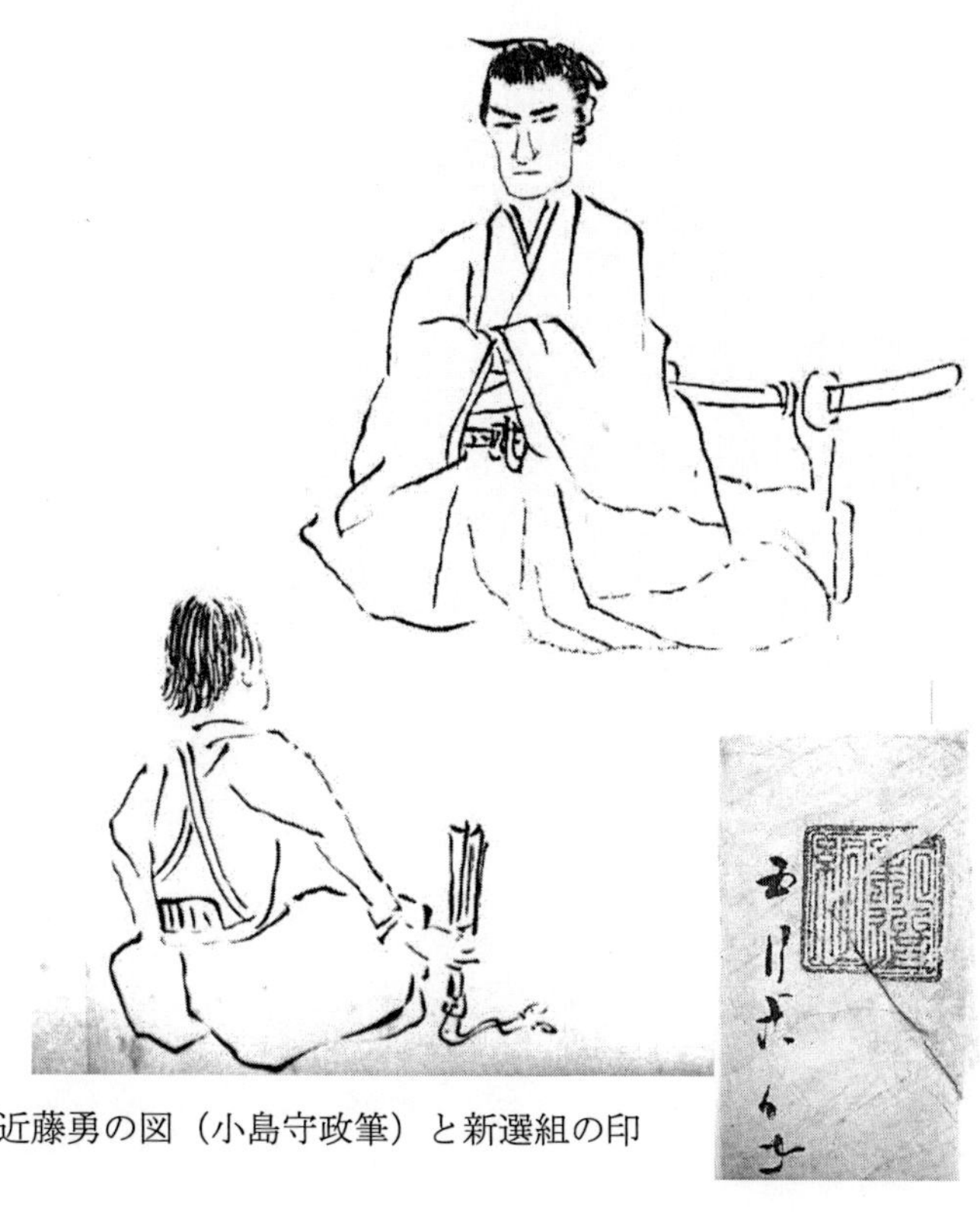

近藤勇の図（小島守政筆）と新選組の印

とろめし競争再考

近藤勇のとろめし競争は、小島守政の『両雄逸事』と『慎斎私言』に、漢文で記されている。『逸事』は、その場所を「某氏宅を訪れ」と書き、『私言』は、佐藤為彦宅と記している。日時は、近藤が京へ出立以前である。『逸事』には、主人が食事の用意をしたとある。

佐藤家は、小島角左衛門の妹が嫁いだ、上溝村（相模原市）の名主で、近藤勇の剣術の出稽古場であった。鷹取胖斎（佐久間象山の弟子・医師）の名が小島日記に表われることを考えると、近藤の上洛前年の文久二年（一八六二）と推定できる。

佐藤家の家族は、当主彦八郎が万延元年（一八六〇）四月に三十三歳で没していたので、祖母のやす五十九歳、彦八郎の妻多美三十五歳、幾蔵（為彦）十二歳となる。したがってこの時の主人は、女主人の多美で、夕飯の支度をして、近藤と鷹取にとろめし競争を提案したと思われる。

近藤はゲンコツが入るという大きな口で十九椀を食べたが、鷹取は二十椀を平らげ、近藤も鷹取の健啖ぶりに兜を脱いだ。

佐藤幾蔵は、のち小島家に寄留して鹿之助の門人となり、漢学を学んでいる。文久三年（一八六三）十二月三日の『日記』に

「上溝佐藤家焼失につき、未明出立見舞に行く」

とある。翌元治二年（一八六五）九月二十一日付の土方歳三の書簡では、

「昨年中上溝村おいては御焼失なされ候由、驚き入り候、未だ見舞の書状さし出し申さず候段、貴兄（鹿之助）よりよろしく御伝声下さるべく候」

とあり、土方も佐藤家に訪れていたことが分かる。


（小島政孝）

土方歳三の俳諧と師匠

土方歳三は浪士組（のちの新選組）の一員として京都へ向け出立する直前の文久三年（一八六三）一月、全四十一句を、『豊玉発句集』と題して残している。巻頭句の

さしむかふ　心は清き　水かゝみ

は、京都へ向けての意気込みをあらわしている。

歳三の俳諧の師と言われるのが、黒亭要五（?～一八六七）である。要五は歳三の義兄の日野本郷の名主佐藤彦五郎宅に安政五年（一八五八）から、しばしば訪れて俳諧の指導をした。歳三は、佐藤

家に居候をしていたので、要五から教えを受けたと考えられる。

鹿之助の『日記』文久元年（一八六一）十一月六日の条に

「石田歳蔵大病の由也」

と記されている。歳三の病名は不明だが、その後完治した。要五が歳三に出した、同年十二月八日の書状を紹介する。

「とし君やまひに罹る、苦痛甚しく、医はしばしば術を尽くすとも薬さらに験（ききめ）なく、人々つきそひ、介抱し夜もいねす、玉の緒（命）今や絶へなんとはかりにきハまりぬ、天いまたすて給ハす、医王をしてくすりを授く、其功すミやかに日々快気に趣くは、まさしく天のたまもの……」（土方歳三資料館蔵）

とあり、薬によって病いが治ったことがわかる。

黒亭要五は、江戸の薬研堀に生まれたが、俳諧を業とし、房州に草庵を結んだ。無欲で酒をたしなみ、一ヶ所に永く杖を止めることがなかった。

文久二年（一八六二）六月に要五の俳論『格外弁註』を書き写して彦五郎に与えた。要五は慶応三年（一八六七）に秩父郡の某村で頓死したということを、彦五郎は人づてに聞いた。

（辻　清司）

本庄宿浪士一件

文久三年（一八六三）二月に浪士組が上京する際に、本庄宿で芹沢鴨が大篝火を焚き、問題を起こした事件がある。原因は芹沢が宿割りから漏れており、担当だった近藤勇達の手落ちとなり、悶着があったというものである。これが芹沢と近藤の関係を読者へ印象付け、後の芹沢暗殺への伏線となっていく。永倉新八が書き記し、それをもとに子母澤寛が『新選組始末記』に昇華した。

ところがこの事件は、永倉新八のみが伝えていて、地元にも記録がないため、実際に起きた事件かどうか最近は疑問視されている。

『雑書』には文久三年（一八六三）二月二十日にこう記されている。

「分家の丹二郎たちが正月二日に出発し、伊勢・京都・金毘羅などを参詣して今日帰宅し、小野路の橋本家へ立ち寄った。その時の話では、浪人ども中仙道本所（庄）宿にて泊り、建札認方宜しからざるにつき本陣手代を切り候由、風聞御座候」

『雑書』では、風聞と断っているが、問題を起こしたのは近藤勇ではなく、宿所となっていた本陣の手代である。手代が誤った建札を立てこれに怒った浪士が手代を斬った。しかし斬った浪士の名は不明である。この様に永倉の『新選組顛末記』や子母澤の『新選組始末記』と異なっている。

武蔵国や上野国からは浪士組の参加者が多い。まだ隠れた史料があると思われる。関東取締出役関係の文書などから本庄宿の真相も、ある日突然姿を現すかもしれない。

（廣井理恵子）

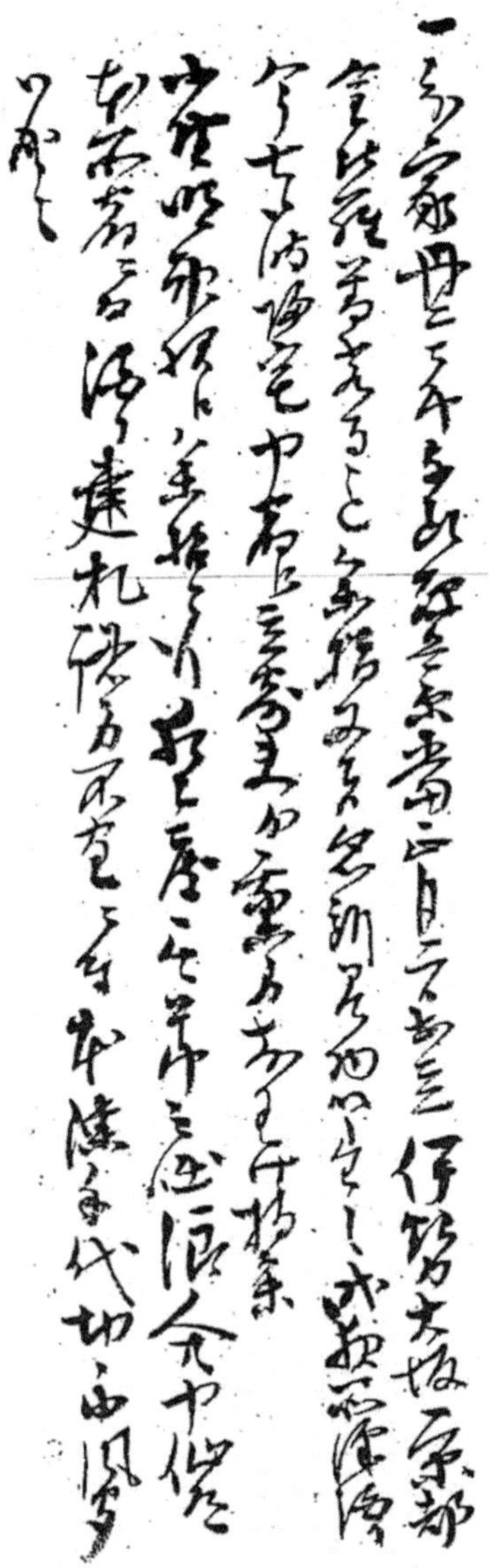

『雑書』文久三年二月二十日記事

近藤勇の祝金

私は、近藤勇が橋本道助に送った書簡が宇都宮の上野記念館に展示されていることを、三十一人会会員の佐々木秀明氏から聞き、平成二十四年十一月下旬に拝見してきた。

幕末の小野路村の名主橋本道助（小島鹿之助の甥）は、文久三年（一八六三）十一月二十七日に日野宿名主佐藤彦五郎の長女なみと結婚した。翌日の『日記』には、

「佐藤彦五郎へ預かり候一刀ならびに近藤への書状相遣わす」

とあり、この時鹿之助は、橋本道助が結婚式を終えたことを報告したと思われる。道助宛の近藤書簡は、

「過日は御日柄宜しく御滞りなく、御婚姻之由承知仕り候、一統恐悦至極に存じ奉り候、これにより白銀三枚御祝義の印まで貴覧に入れ、幾久しく御受納下さるべく候」

とあり、十一月二十九日付で、年号は文久三年になる。このことは、『雑書』十二月十二日に記載がある。

「昨夜尽忠報国勇士近藤勇・土方歳三より、本宿村捨五郎（松本捨助）帰国につき道助方銀三枚、祝いとして遣し手紙添え也」

とあるのが、この書簡である。

この書簡では、近藤は道助に「白銀三枚を御祝義の印」として贈ったことを記している。

白銀は、『広辞苑』によると、「江戸時代、銀を九センチメートルほどの平たい楕円形に延ばして紙に包んだもの。通用銀の三分に当たり、多くは贈答などに用いた」

白銀三枚のレプリカ

とある。包銀とも言った。包銀は貨幣ではないので、両替商で両替して使う。包銀は紙で封印して印が押してあるので、封を破らないでこのまま持っていき両替する。白銀三枚は金では二両一分にあたり、現在の金額では、約二十万円に相当する。白銀三枚の包は、日本橋本石町一丁目の貨幣博物館（日銀本店の隣）にレプリカが展示されている。

（小島政孝）

土方歳三の遺言

連光寺村（現多摩市）の名主富沢忠右衛門は、元治元年（一八六四）正月に地頭（旗本）天野氏に随行して上京し、旧知の近藤勇、土方歳三らの歓待を受け、五月九日に帰宅した。『雑書』五月十五日に土方歳三に関する記述がある。

富沢が土方歳三から日野宿佐藤彦五郎への預かり物の書簡・日記帳等を持って、佐藤に届ける途中に小島家に寄った。角左衛門は、富沢の持参した品々を披見した。歳三が京都で使った兜と鉢金があり、鉢金の真面弐ケ所に刀傷の跡があった。土方の書簡には、

「自分が万一京都において打死にしたならば、この鉢金を『歳三の形見』と思って、朝暮に回向して呉れるように」

と記されていた。故郷の義兄佐藤彦五郎に自分の死を予想しての気持が素直に述べられている。

近藤勇らと将軍家茂警護のため京都へ出立して一年、新選組副長となった土方が、内部抗争の数々、対外的にも血で血を洗う毎日のなかで、彼の心の内を吐露していて興味深い。『土方歳三の遺言』ともいえよう。

『雑書』に記されている品々の所在は現在どうなっているのか。刀傷のある「鉢金」は「送り状」とともに土方歳三資料館に現存する。書簡も二通残されている。

しかし、『土方の日記帳』は所在不明である。『富沢日記』には小島家訪問の記載がなく、「佐藤彦五郎日記」もこの時期の日記はない。その意味からもこの『雑書』は歳三の肉声を伝えていて貴重である。

（辻　清司）

『雑書』文久三年五月十五日記事

京へ行った松本捨助

平成十六年のＮＨＫ大河ドラマ「新選組！」には、作者三谷幸喜氏によって創作された滝本捨助なる人物が登場した。このモデルとなったのが多摩郡本宿村（現府中市）の松本捨助である。

文久三年（一八六三）二月に近藤勇や土方歳三は浪士組に参加して上洛した。このとき、小金井小次郎一家に出入りしていた捨助は、身内の反対にあい近藤らに同行できなかった。そして、捨助は意を決して十一月に単身京の新選組屯所の土方を訪ねた。しかし一人息子だからという理由で土方に入隊を断られた。そして、土方から書簡を、近藤からは留守宅へ届けるようにと、山南敬助が使用した血糊付きの折れた刀を預かった。土方の書簡は、捨助と縁戚にあたる小島家に十二月十

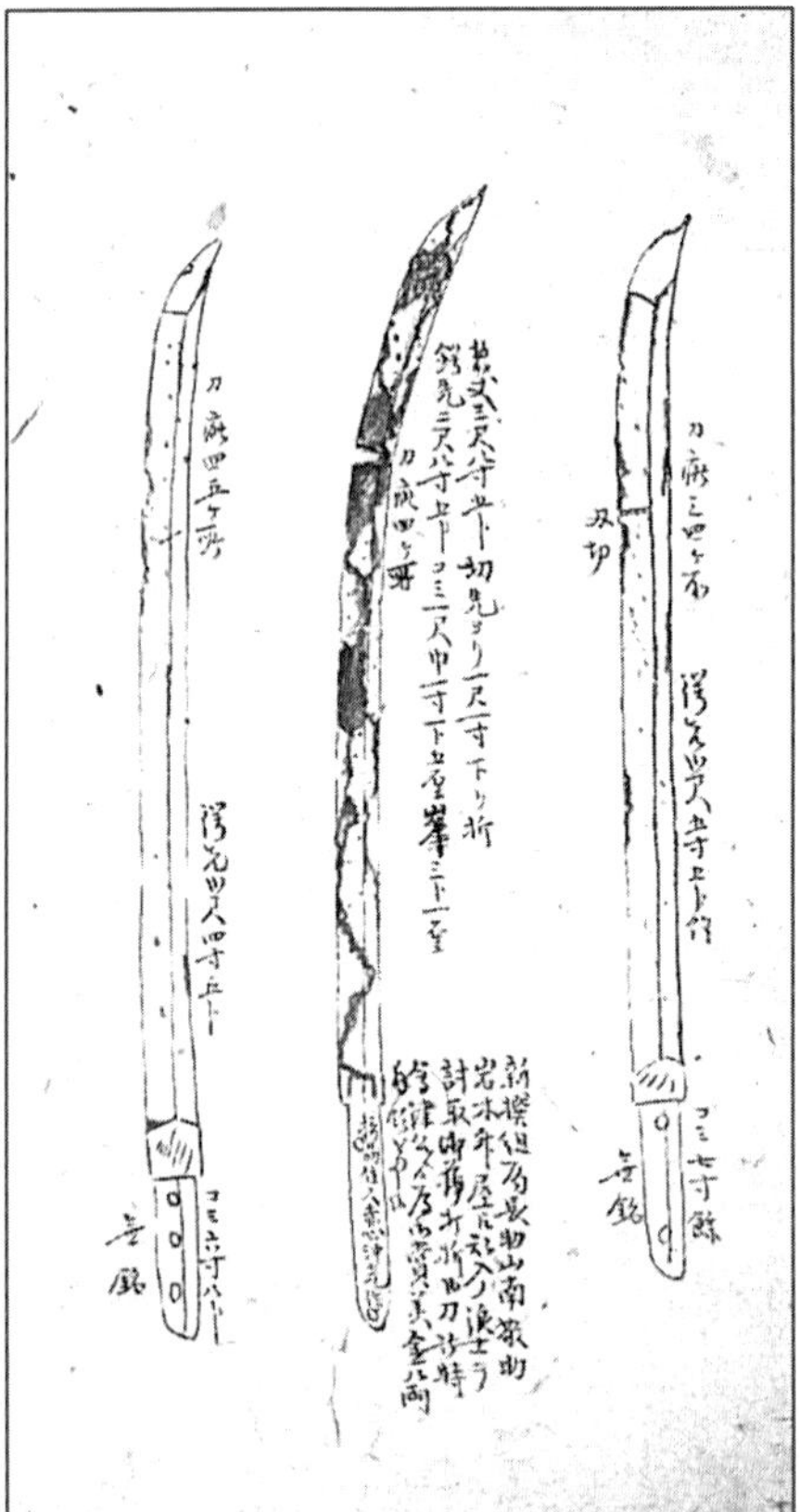

山南敬助の刀の絵（『異聞録』）

三日に届けられた。書簡には捨助の京の様子が書かれており、捨助は小島鹿之助から説諭された。

このように家業に落ち着かなかった捨助の、急な結婚を知らせる記載が、翌元治元年（一八六四）八月二十八日の『雑書』にある。本宿村の庄之助から使いが来て、持参した手紙には、

「捨助の吉日の儀を晦日に行うことになった。本家には挨拶をしたが、なにぶん急なことなので村の人たちへ知らせる暇がない。そのため親類だけで結婚式を執り行うつもりなので、そのように承知してほしい」

と、何ともあわただしいものであった。

だが、新選組との関係はこれで終わりとはいかず、捨助は慶応四年に甲陽鎮撫隊に参加した。その後仙台まで行き、帰郷後に井上源三郎の姪を後妻に迎えた。

（廣井理恵子）

小仏（駒木野）関所関守

駒木野（八王子市）の小仏関所関守四家は川村、落合、佐藤、小野崎である。天保六年（一八三五）に生まれた川村恵十郎は、剣術は天然理心流の松崎和多五郎と小野田東市に学んだ。その後恵十郎は文久四年（一八六四）一月に京都で一橋家に仕えた。元治元年（一八六四）六月に一橋家用人平岡圓四郎が斬殺された。この時に恵十郎も顔に負傷しながら下手人二人を斃し称賛された。

同年八月十一日の『雑書』に、恵十郎が一歳年上で天然理心流の近藤勇の戦死を心配する書面の記載がある。小山田村若林三右衛門倅金之助と申す人が、八王子の米屋（谷合家）にて川村からの書面を見た。元駒木野御関所番頭で昇進して京師にいる人からである。その手紙に、

「京師浪士の内近藤勇と申す人は今もって身体相知れざる趣の由。左候らえば火中討死と推察仕まつる。若し実説に候はば残念の至りに御座候」

とあった。

慶応四年（一八六八）二月、小仏峠関守で天然理心流を学んだ落合源一郎（直亮）は、岩倉家からの使いで参殿したところ内命を蒙り、危険を冒して京都から江戸へ視察に潜入した。その折市中の恵十郎宅を訪れている。折悪しく恵十郎は上京中だったが、もし再会していたらどうだったろうか。大変興味深い。

小仏峠は、その年三月に甲府城を目指して甲陽鎮撫隊が通過し、数日後に敗走した。その後東征軍が江戸を目指し、この時期峠を行きかう群像は目まぐるしく変わっていった。

（廣井理恵子）

土方歳三の甥の結婚

歳三が生まれた天保六年（一八三五）に、父は既に亡くなっていた。母も歳三が五歳の時に亡くな

ってしまった。その為か、すぐ上の姉のぶが日野の佐藤彦五郎に嫁ぐと、歳三もその彦五郎邸で暮らすことが多くなった。ところが、実兄で土方家当主の喜六が万延元年（一八六〇）に四十歳の若さで急死してしまった。家には、妻、長女と六人の男子が残された。歳三にとっては甥や姪にあたる。後には二百三十両程の借財が残されていた。これは、親戚などが無尽で救済にあたった。

実家の不安を抱えながら、その二年余り後の文久三年（一八六三）二月に、歳三は浪士組の一員として近藤勇たちと京都へ旅立った。

それから一年余りの時が過ぎ、元治元年（一八六四）六月五日に池田屋事件が起き、歳三たちの新選組の名前は京都で知れ渡った。

その年十一月十三日の『雑書』によると、嬉しい話が持ち上がっていた。

亡くなった喜六の長男策助と、日野久兵衛の娘たねとの縁談であった。この時策助二十歳、たね十九歳で、首尾よく話は進んだ。策助は昭和三年（一九二八）、たねは六年まで長生きし、一男一女をもうけている。現在の土方家は策助のご子孫にあたる。二人の結婚の日取りは何日だったのだろうか。翌年正月三日に道助が佐藤彦五郎邸に年始の挨拶に行ったところ、歳三から手紙が届いていたと『雑書』は伝える。そこには、結婚の日取りが書かれていたかもしれない。手紙が見つかることを祈るばかりである。

（廣井理恵子）

佐久間象山と永井介堂の書

元治二年（一八六五）二月十四日『雑書』に、

「京都土方歳三方より年始状届く。外信州松代藩佐久間修理壱枚唐紙書貰い申し候。其節日野宿彦五郎へは同壱枚、大目付永井公之書壱枚来也」

とある。佐久間修理は佐久間象山のことで、京にいた佐久間が新選組を訪ね、その席に同席した土方歳三が書を依頼した。土方は佐久間の書を小島家と佐藤家に贈った。ともに軸装されて、現存している。

佐久間は、元治元年（一八六四）三月二十九日から暗殺された七月十一日まで滞京したが、新選組を訪れた日は不明である。佐久間の『公務日記』には、六月九日に

「午後司密永井氏を壬生に訪ふ、主人病あり、相見ずして帰る」

同十一日に

「朝餐後会藩廣澤某を訪ふ、午後再び永井氏を訪ひ薄暮帰る」

とあり、壬生を訪れているのでこのときに新選組を訪れたかもしれない。

なお『雑書』には、永井公の書壱枚とある。永井公とは大目付を務めた永井尚志（号介堂）で、第

一次長州征討に従い、江戸の方針と意見が異なり江戸に帰り、慶応元年（一八六五）五月に辞任した。

のち、同年十月に再任し、第一次長州征討の戦後処理に近藤勇らを引き連れ広島に出張した。土方は元治二年（慶応元年一八六五）の年賀状を贈ってきたことから、前年に永井に会い書の揮毫を依頼したと思われる。小島家の軸には、「鶴を放つ図」という漢詩が書かれている。日野の佐藤家にも永井の書がある。

（小島政孝）

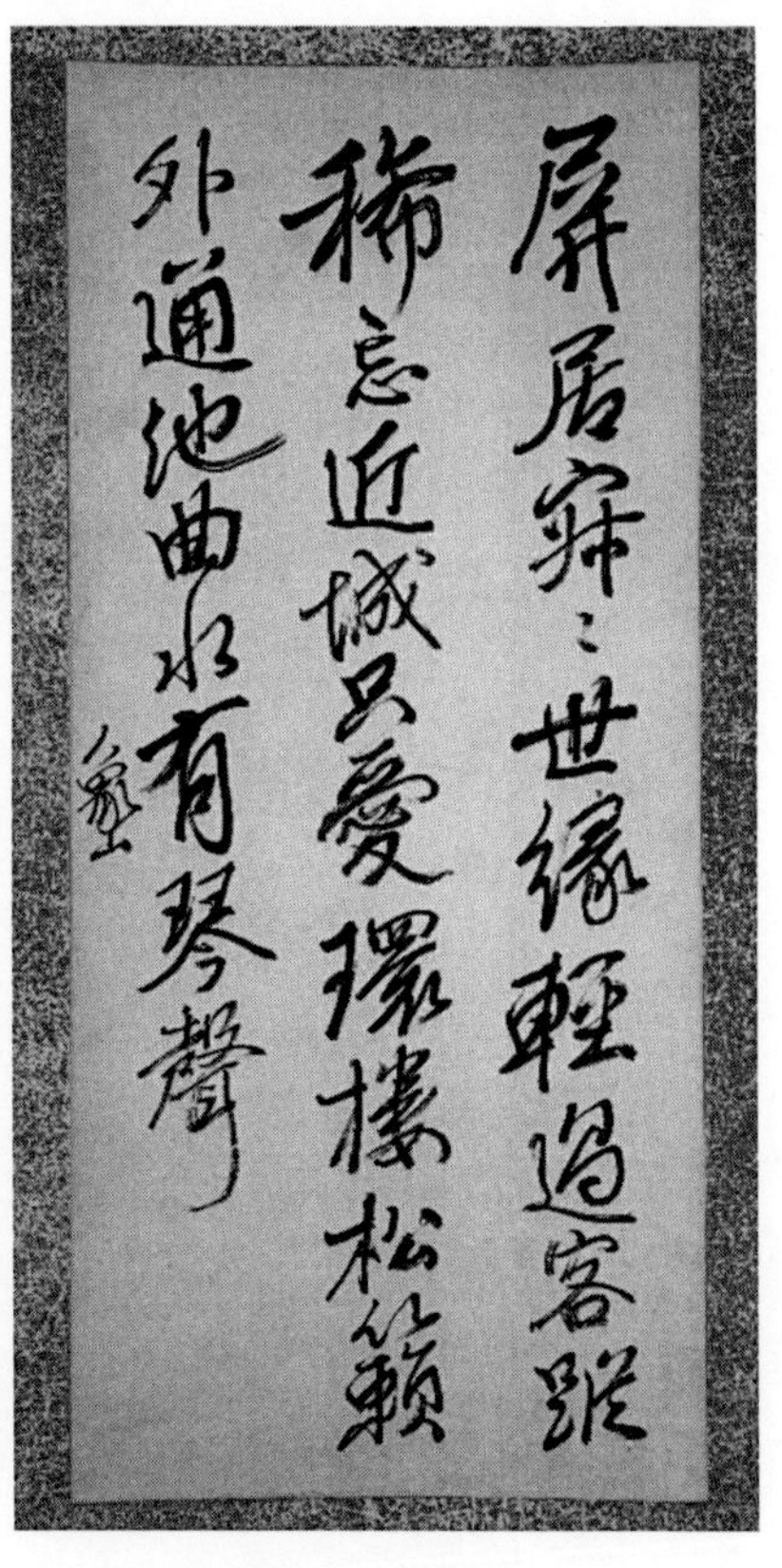

永井尚志（介堂）の書

佐久間修理（象山）の書

土方歳三との最後の面会？

土方歳三は、文久三年（一八六三）二月に近藤勇とともに上洛し新選組を結成した。しかし、約二年後に、新選組隊士募集のため帰郷した。角左衛門の慶応元年（一八六五）四月十二日の『雑書』には、

「京師より土方歳三下り、日野宿佐藤彦五郎方より書面、作助をもって来たる也、俄に才造召連れ行く、彦五郎方泊り種々京師の珍節承り申し候、刀も四、五本見申し候」

とある。土方歳三が日野宿佐藤彦五郎方に逗留している連絡が入った。「俄に」とあり、大急ぎで角左衛門が逢いに出かけた様子が分かる。

息子の鹿之助は相州厚木に出張中で、父角左衛門の知らせによって、その翌々日の十四日に、

「日野宿へ行く、土方歳三に逢う、上国の様子承る」

と『日記』に記録している。父子ともそれぞれ一泊して、土方歳三から直接京都の珍しい話をいろいろ聞いた様子を伝えている。

二年振りの帰郷で京都での新選組の活躍の様子に花が咲いたであろう。土方は江戸、日野で合わせて二十二日間逗留し、五十四名の新隊士を引き連れて京へ帰った。

土方歳三はこの後、慶応三年（一八六七）十月にも帰郷する。また、戊辰戦争後の慶応四年（一八

六八）一月に江戸に帰り、三月には甲陽鎮撫隊として近藤勇とともに勝沼まで出陣した。しかし、二回目の帰郷以降『小島家文書』には土方との面会記事がない。このため、小島鹿之助が土方歳三と最後の面会をしたのは、慶応元年四月と思われる。

（辻　清司）

土方歳三が届けた近藤勇の書簡と書幅

このたび、近藤勇が小島鹿之助に宛てた書簡が発見された。所有者は練馬区在住の方で、昭和二十年に古書店から所有者の御父君が購入されたもので、書簡は半分に裁断され、仮表装されていたという。書簡の長さは、一一五センチメートルである。

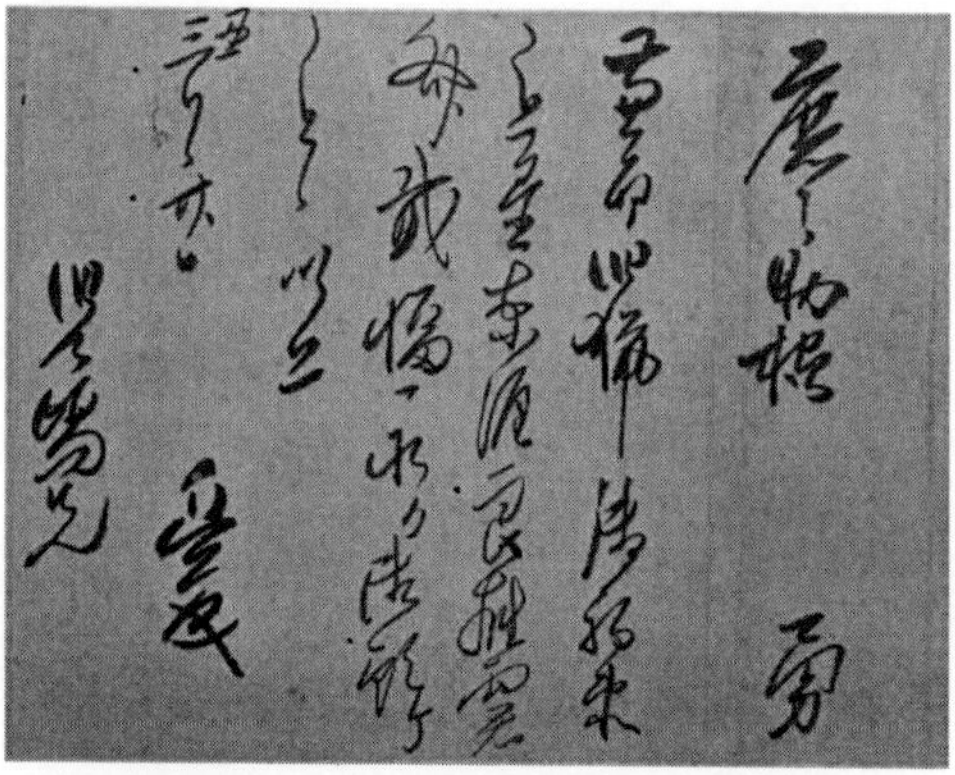

慶応元年四月に土方歳三が隊士募集のために江戸に帰ったときに、日野宿の佐藤彦五郎宅に宿泊した。角左衛門が土方に会い、近藤勇から預かってきた鹿之助宛書簡二通と、伊藤東涯と大石内蔵助の書軸を受け取った。角左衛門は、このことを出張先の鹿之助に書簡で知らせた。このうち、一通の書簡が不明

近藤勇のメモ　慶応元年３月20日

であったが、今回の発見によってその内容が明らかになった。

書簡は、

「分襟一別以来公用に周旋不懐御不音多罪の到り」

で始まる。

「陳は（のぶれば）旧臘東下遅滞無く拝顔を得」

とあり、旧臘は昨年の暮という意味であるが、東下遅滞無く拝顔を得というのは、元治元年（一八六四）十月に近藤が江戸へ東帰したことを指す。つまり、近藤の旧臘は元治元年十月であることがわかった。

小島家に伝わるもう一通の書簡は、

「此節旧臘御約束下され置、東涯・良雄両君文永く御預け申し上げ候、以上」

という短いものである、日付は、丑三月廿日となっている。近藤は池田屋事件後の秋に帰郷し、小島鹿之助と面談したときに、東涯と良雄の書を贈る約束をした。そして、六ヶ月後に帰郷した土方にこれを託した。小島家では、二本の掛け軸

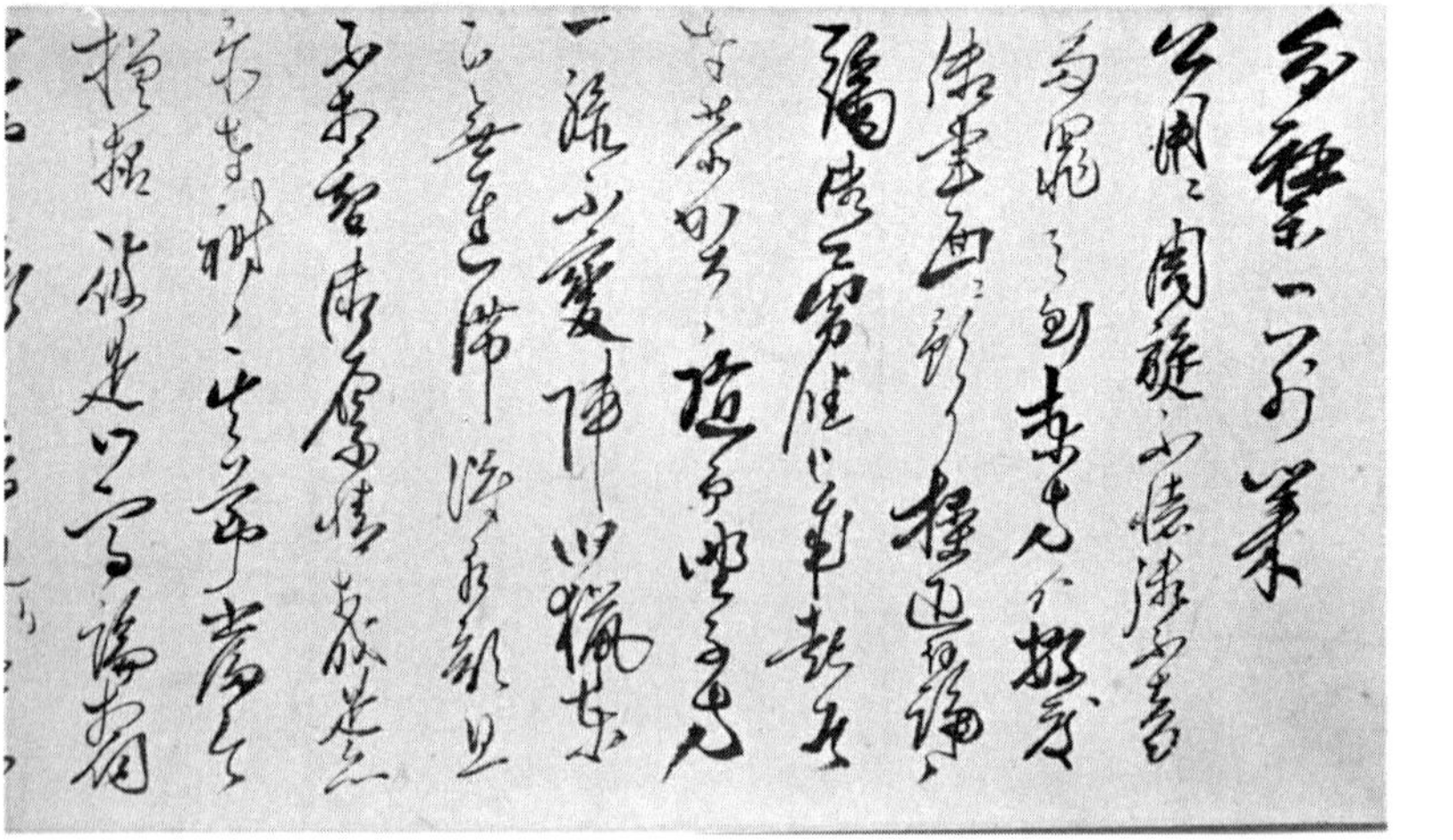

近藤勇書簡　慶応元年3月20日（初めの部分）

を木箱に入れて保存している。伊藤東涯の書は、五言絶句、大石内蔵助の書は書簡である。この近藤勇の書簡は、現在小島資料館が所蔵している。

（小島政孝）

東光寺の僧が届けた近藤・土方の書簡

小野路村別所の東光寺住職雲歩（二十七歳）は、僧の位が昇進し曹洞宗の本山永平寺に行くことになった。慶応元年（一八六五）七月二十四日に雲歩禅師が、小島家に訪れた。京都経由で永平寺に行くので、鹿之助は、近藤勇と土方歳三宛の書簡の配達を依頼した。

雲歩は、七月二十五日に小野路村を出立し、京の近藤、土方に八月十八日に書簡を渡して、彼からの返書を預かった。その後、雲歩は永平寺で用事を済まし、九月二十七日に帰宅し、小島家に近藤、土方の書簡を届けた。

近藤書簡には、

「当月四日出しの御投翰同月十八日東光寺貴僧所持則ち拝見」

とあるが、実際は「七月二十四日出しの御投翰当月十八日東光寺貴僧所持則ち拝見」と書くべきである。

書簡の内容は、筑前黒田藩の事件、長征一件、将軍家茂公の暗殺未遂事件である膳所（ぜぜ）一件が記されている。膳所一件は、上洛する将軍家茂は膳所城に宿泊を予定していたが、将軍を暗殺しよ

近藤勇書簡　慶応元年８月18日

（中略　以下末尾）

うと、地雷火をしかけたことが四、五日前に露顕し、主犯の川瀬太宰らが捕縛され大事に到らなかったことが書かれている。

「此義には大名一家の興廃に係り候間、御他言御断り申し上げ候」

と記している。

土方の書簡は不明である。近藤書簡の宛名は、小児鹿之助様、橋本道輔様宛とあり、「小島」と書くところを誤って「小児」と書いている。

（小島政孝）

なみの出産と土方歳三から祝いの漢詩

日野宿の名主、佐藤彦五郎の日記の慶応元年（一八六五）八月二十六日には、

「娘なみ、安産、男子出産、酉上刻」

とある。このなみは、佐藤彦五郎の娘で、小野路村名主橋本道助に嫁した人物である。なみは、日野の実家で出産したことがわかる。この男子出産の報は、直ちに小野路にも伝えられ、翌日二十七日の小島角左衛門の『雑書』には、

「日野宿佐藤彦五郎方より人参り、昨廿六日酉上刻奈美出産両人共大丈夫之由、男子出生珍重之事ニ御座候」

とあり、男子出生を大喜びしている。『日記』慶応元年八月四日には、

「なみ女懐胎に付母・熊女付添生家日野へ遣す」

とあり、実家の日野に帰ったことがわかる。日本には，妊娠した女性が出産前後に婚家から実家に戻り，一定期間実家の援助を受ける「里帰り」という、他の先進国にはない慣習があり、江戸時代には定着していたようである。この橋本道助となみの間の子供の誕生を京都で聞いた土方歳三は、お祝いに「橋本君一子を生むを賀す」と題した自作の七言絶句を贈っている。意訳すると

「才名徳望を広く積み、梅桜竹林のようにめでたいことが長く続くように、そしてこの赤子の気概は、一羽の鶴が高い山を悠々と飛んでいくような心の大きな人物になって欲しい」（『幕末群像伝　土方歳三』より）。

また、翌年四月には、土方は京都からこの子に「小袖壱ツ」を贈っている（『雑書』）。幼名を仁平と言い、後に橋本政清と称した。

（辻　清司）

土方歳三の書

佐藤彦五郎からの手紙

先日、小島資料館で古文書整理の作業中、日野宿の佐藤彦五郎から出された小島鹿之助宛の慶応三年（一八六七）十月二十一日付の手紙を見つけた。その中の一節である。

「歳三義江戸にて有士五、六輩相募り今日発足、（中略）老先生事も当年限りかと相見へ、今般歳三東下に付き會公御手づから薬用手当として百金下し置かれ、病気の事は内々、幕府御耳に迄入れ候次第、実に冥加至極の事共に御座候」。

新選組の土方歳三が隊士募集のために江戸へ帰ってきた。そのころ「老先生」すなわち天然理心流三世・近藤周齋の病気がよほど重かったので、京都守護職・松平容保公は御見舞金として三百両を土方に託し近藤家へ届けた。そのことを彦五郎は、「実に冥加至極」のことであると感激して書いているのである。

慶応三年の頃は、京都にいた近藤勇たちの新選組がその存在感をいっそう大きくしていた時期である。この年六月、新選組は全隊士こぞって幕臣に取り立てられ、近藤は「御目見以上」の待遇となった。近藤らはこれまで幕臣になることを辞退してきたが、この時期、幕府とのつながりを緊密にし、近藤も公卿宛てに建白するなどの政治活動を展開していた。

新選組が新しい段階に入ったことを受けて、三度目の隊員募集のために土方が江戸へ東下し、新隊員を連れて上京した。日野からも彦五郎の斡旋で参加者があった。

しかしこの手紙が書かれた時には、すでに十月十四日幕府は大政奉還をしていた。その情報はまだ届いていない。

（重政文三郎）

近藤勇処刑後の鹿之助の動向

近藤勇が板橋で斬首されたのは、慶応四年（一八六八）四月二十五日であった。『日記』では、九日後の閏四月五日に鹿之助の長男守政十四歳が，近藤の死を記している。

鹿之助は、近藤斬首の翌日、供に牧二郎を連れて出府した。江戸で近藤勇斬首の噂を聞いて、小石川伝通院前の雁金屋（古書店）にて聞いた話が、鹿之助の『于役襍記』に記されている。

「廿五日昼、板橋の一里塚と申す処にて、何分にも官軍に従わず立派に白刃を受け，死に臨み髭を剃り結髪致させ、従容として死に就き候由、其前日犬者壱人戮させ、これは愚劣の死を成し候由也、建札は上は天朝に背き、下は慶喜の暴悪を助け、以下云々」

とある。この日、鹿之助は五両三分あまりで『易知録』を購入している。

「君のため　民のためとてしはし身を　忍か岡の墨染の袖　　慶喜　」

という歌を記している。

廿九日には、近藤凶音に付、牧二郎を染谷（現府中市）の粕谷良循（土方歳三の兄）宅に遣わしている。鹿之助は、さらに近藤斬首の事情を聞いて、閏四月三日に帰宅した。鹿之助の話を聞いた守政は『日記』五日に

「近藤勇先生四月廿五日官軍の為に召し捕られ、板橋宿庚申塚において昼時頃斬首速やかに致され候由、惜しむべき英将、嗚呼天也哉」

と記している。

『于役襍記』には、明治二年（一八六九）五月八日に東京へ行き、十日に板橋の近藤終焉の地を訪れ、土地の人が建てた墓にお参りし、追悼の漢詩を作った。

「霏霏面を打ち雨風を兼ね」

とあり小雨が降っていた。

（小島政孝）

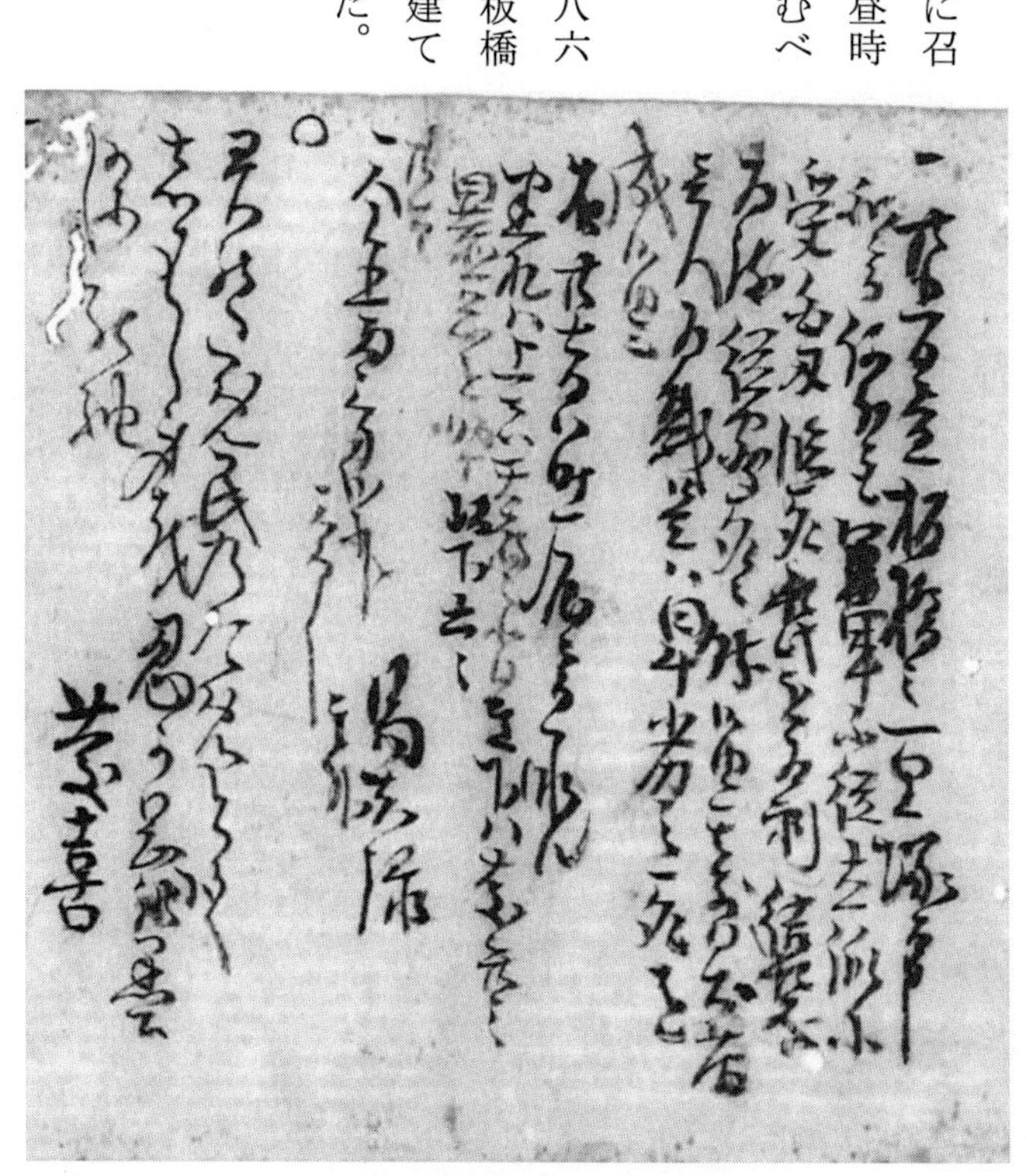

『于役襍記』明治二年の記事

北海の凶音

土方歳三は、明治二年（一八六九）五月十一日に箱館の一本木にて腹部に銃弾を受け戦死した。小島鹿之助撰の『両雄士傳』では、土方は五稜郭内に埋葬されたと記されている。

小島鹿之助が土方の戦死を知ったのは、何時だったろうか。明治二年（一八六九）の『日記』は、鹿之助の漢学塾の門人が、交代で日記を付けているため、重要なことは多くが抜けている。鹿之助の甥橋本道助が付けた『橋本日記』を見てみよう。

六月九日に、道助の妻なみが、二男柳一（四ヶ月）を連れて実家の佐藤彦五郎宅に帰った。なみは、六月十五日に、柳一とともに帰宅した。その後に、

「北海の凶音耳に入り歎息、詔斎叔父金港より帰る」

と道助は記している。北海の凶音は、「土方歳三戦死の報」で、日野の佐藤彦五郎宅より帰宅したなみが、道助に知らせたと思える。横浜の出張から帰った鹿之助（詔斎）には、道助が知らせたと思われる。なお、『佐藤彦五郎日記』には、土方の戦死の報は記されていない。『聞書き新選組』佐藤昱著によると、

「七月初めのある日夕立あとが上がりそこねて、再び梅雨降りのようになった黄昏時に土方歳三の

命を受けた市村鉄之助が訪ねてきて、土方戦死の報を伝えたという。市村は、歳三の写真と、『使の者の身の上頼上候　義豊』という真筆を届けた」という。鹿之助の長男守政は、『両雄逸事』で、市村が伝えた歳三の和歌を

よしや身は、蝦夷が島辺に朽ちぬとも
　魂はあずまの君や守らむ

と伝えている。

市村が佐藤家を訪ねたのは七月の上旬、『日記』で夕方の雨の日を調べると、該当する日は、七月十日と十一日である。

なお、箱館戦争終焉を伝える報は、『太政官日誌５７』、明治二年六月二日に五月十八日に榎本武揚ら降伏の記事があり、『太政官日誌６５』、明治二年六月十五日により詳しく報じられている。なお、佐藤彦五郎日記には、市村鉄之助に関する記載はなく、七月十八日に、

「箱館において降伏、兵卒亀太郎と申すもの来る」

とあり、二十三日には、

「降伏人亀太郎、東海道迄藤左衛門召連候事」

とあるのみである。

（小島政孝）

あとがき

小島日記研究会会長　重政文三郎

小島日記研究会は、現在月二回のペースで『小島日記』を読んでいる。それは大変ゆっくりした解読作業であるが、会員みんなで読むことそれ自体を楽しんでいるといった雰囲気である。

そのようにして読む日記の記事に触発されながら、会員個々人が関心を持った話題について、個別・単発的に書いたのが、「博愛堂史話」と題した、月刊「町田ジャーナル」紙の連載コラム記事である。いまだ継続中ではあるが、すでに一三一回を数えるに至って、ひとまずまとめてみようということになった。

私たちは、この村で名主を務める小島家の視点から書かれた日々の記録を、当時の人びとの生活感を味わいながら、小野路村の風土と風俗を眺めている。村で起こる出来事はその都度詳しく記録されているので、江戸近郊のこの村に押し寄せる幕末の緊張感を感じ取ることはまた格別である。開国と異国人の登場、天変地異、流行する疫病、さらには激動する政治情勢は、毎日の日記に反映されてやまない。幕末多摩から出て京で活躍する新選組のメンバーからの情報も多い。

私たちがその時々の関心で書き溜めたコラム記事を、この視点から項目を立てて並べ替えたのが本書である。コラムという枠組みの中で書いたので、書き足りないことや説明不足の感は否めない。そこで、本書の編集にあたって、若干の加筆・訂正・改行などを行い、関連する写真資料等を掲載することで、よりいっそう雰囲気を伝えたいと考えた。資料等の所蔵者名のないものは小島資料館蔵である。なお、二〇〇一年に私たちが刊行した『小島日記物語』も合わせて読まれると、本書への理解が一層深まるので推奨したい。

博愛堂叢書について

小野路の小島家の学統は小島政敏より始まる。政敏は、橋本政治の二男で安永七年（一七七八）に生まれた。小島角左衛門軍平には跡継ぎがなく、寛政六年（一七九四）に政敏は十七歳で軍平の養嗣子となった。政敏は文化三年三月十三日に、養父の命を受けて鴻儒山本北山先生を尋ねた。面会を請うと弟子の大窪詩仏が取り次いでくれた。来意を問うたので、養父が山本先生を敬愛しており、その命で訪れたことを話した。すると、弟子の詩仏に紙と筆を用意させ、一書を揮毫した。そこには、楷書で「博愛堂」と書いてあった。

書き終わって、北山先生は政敏に向かって言った。

「この博愛という言葉は孝経の中にある言葉だが、私が大変好んでいる言葉の中の一つである。人が他人を知り、その人を愛することができるということは、非常に幸福なことである。正しく、平等に、人を愛し、自ら村民の範となれば、今まで以上に家も栄え人もついてくるだろう。君は若い、これからも大いに勉強し、養父を大切にしなさい」

政敏は、厚く礼を述べて帰宅した。帰りを待ちわびていた軍平は、話を聞き涙を流して喜び、のちに表装させ小島家の玄関の間に掲げて家訓とした。政敏が二十九歳の春であった。

北山先生は、博愛堂の額を書かれた六年後の文化九年五月に六十一歳で他界された。

その後、政敏は発奮して和歌を勉強し、「詠草」「年佐免艸」「ながめ草」「な尓和日記」を残している。政敏以後は代々当主に引き継がれ、十九代政則（号梧山・梧荘）狂歌、二十代鹿之助（号韶斎）漢学、二十一代守政（号慎斎）漢学、二十二代孝（号春川）漢学と引き継がれ、約六千巻の書籍を伝えている。

政則、鹿之助親子が家塾を開いてから順次引き継がれ、昭和初期まで続いた。昭和四十三年に小島家に伝わる資料を整理して、二十三代宗市郎が小島資料館を開館した。以後、小島資料館の史料を編纂して順次刊行する。

小島鹿之助は遺言のなかで、次のように言っている。

「墳墓は一小石を建つる以って事足れり、ただし国歌、ならびに漢詩文等の遺稿は追々出版すべし」

よって、先人たちが慣れ親しんだ書斎の号をとって、「博愛堂叢書」を発行する。

令和四年四月

小島家二十四代当主　小島政孝

小島資料館　書籍刊行案内

書名		著者	定価	判型	送料	備考
『小島日記 1』	天保七年	小島日記研究会編	一〇〇〇円	A5判	三〇〇円	◇天保飢饉と小島家の対処、小島家系図
『小島日記 2』	天保八年	小島日記研究会編	一〇〇〇円	A5判	三〇〇円	◇飢饉の実態と大塩平八郎の乱
『小島日記 3』	天保九年	小島日記研究会編	一二〇〇円	A5判	三〇〇円	◇奉公人と炭焼きほか
『小島日記 25』	安政七年	小島日記研究会編	一五〇〇円	A5判	三〇〇円	◇江戸時代後期の村の女たち
『小島日記 26』	万延二年	小島日記研究会編	一三〇〇円	A5判	三〇〇円	◇小島日記に登場する人々
『小島日記 27』	文久二年	小島日記研究会編	一二〇〇円	A5判	三〇〇円	◇野州蚕種家碓井要作のこと
『小島日記 28』	文久三年	小島日記研究会編	九〇〇円	A5判	三〇〇円	◇新選組結成と小島鹿之助の友情、小島家系図
『小島日記 29』	文久四年	小島日記研究会編	一〇〇〇円	A5判	三〇〇円	◇池田屋事件、禁門の変の情報、人名索引
『小島日記 30』	元治二年	小島日記研究会編	一〇〇〇円	A5判	三〇〇円	◇麻生村一件・神奈川宿差村について
『小島日記 31』	慶応二年	小島日記研究会編	一六〇〇円	A5判	三〇〇円	◇小野路農兵隊の結成と木砲
『小島日記 32』	慶応三年	小島日記研究会編	一二〇〇円	A5判	三〇〇円	◇荻野山中藩襲撃事件など
『小島日記 33』	慶応四年	小島日記研究会編	一二〇〇円	A5判	三〇〇円	◇近藤勇の死と辞世の詩など
『梧山堂雑書 14』	文久三年	小島日記研究会編	一六〇〇円	A5判	三〇〇円	◇攘夷をめぐる江戸の騒動・上方の変事
『梧山堂雑書 15』	文久四年	小島日記研究会編	一三〇〇円	A5判	三〇〇円	◇池田屋事件、長州征伐など
『小島日記物語』		小島日記研究会編	二〇〇〇円	A5判	五〇〇円	◇『日記』から読み解く解説・論文・エッセイ
『小島資料館目録』		小島資料館編	二〇〇〇円	B5判	五〇〇円	◇小島資料館総合目録、新選組の資料写真多
『年佐免艸』		小島政敏著・飯田俊郎校訂	四〇〇〇円	A5判	五〇〇円	◇小島政敏（弘化四年没）の和歌八八七首
『小野路艸』		飯田俊郎著	五〇〇〇円	A5判	五〇〇円	◇小島政則の狂歌四二五首、文学交流など
『町田歴史人物事典』		町田地方史研究会編	二三〇〇円	A5判	三〇〇円	◇町田市域に関する人物四五六人収録
『幕末のロータリアン大高善兵衛』		小島政孝著	一五〇〇円	A5判	三〇〇円	◇慈善事業にささげた上総の豪農
『斎藤一～新選組論考集』		三十一人会編	三五〇〇円	A5判	五〇〇円	◇新選組隊士斎藤一の決定版
『幕末群像伝　土方歳三』		小島政孝著	八〇〇円	四六判	三〇〇円	◇土方歳三史料をもとに描くエピソード集
『博愛堂史話』		小島日記研究会編	二六〇〇円	A5判	四〇〇円	◇『雑書』『日記』から読み解く・エッセイ集

書籍希望の方は、現金書留か郵便振替にて書籍代に送料を加算の上、通信欄に書籍名を記入して小島資料館宛お送り下さい。

郵便振替　加入者名　小島資料館　郵便振替番号　00110—2—119241

〒195—0064　東京都町田市小野路町950番地　小島資料館

☎ 042—736—8777　FAX 042—735—0104

お問い合わせ　bz540543@bz03.plala.or.jp　ホームページ小島資料館　検索

多摩新選組デジタル資料館　公開資料の一例

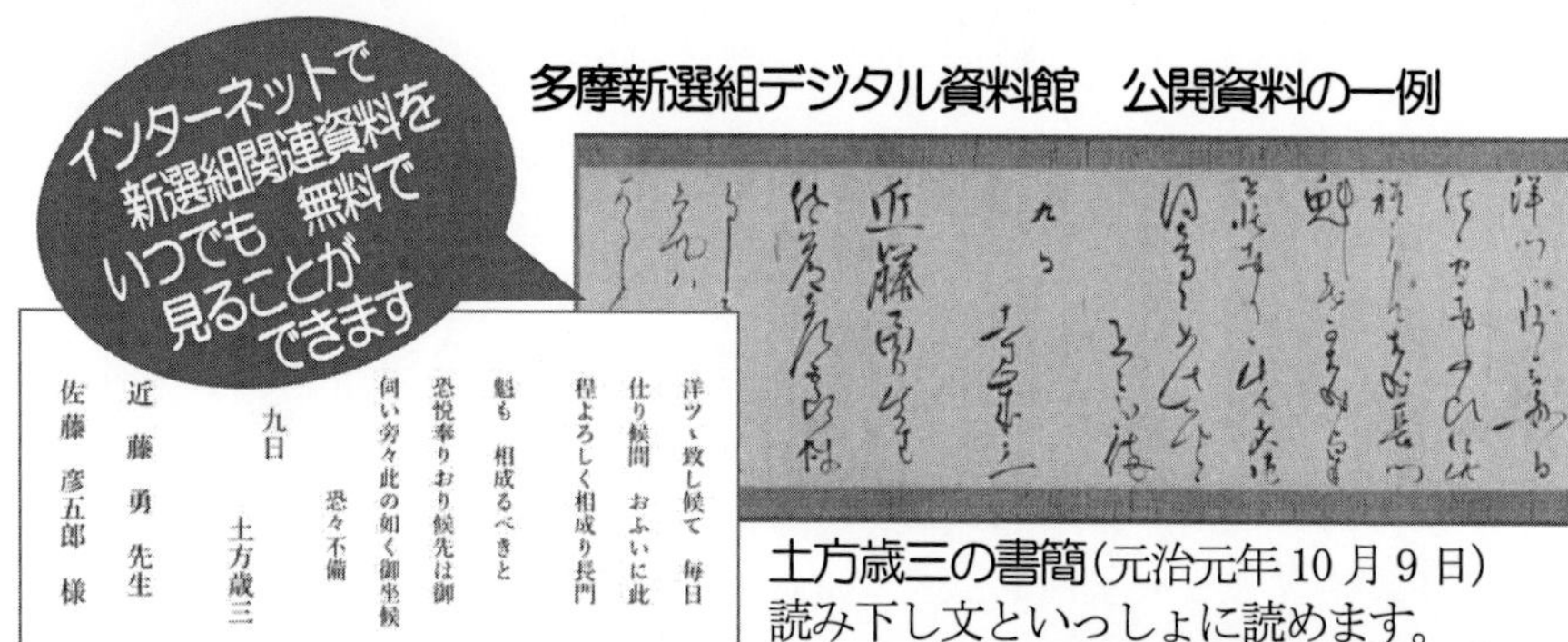

土方歳三の書簡（元治元年 10 月 9 日）
読み下し文といっしょに読めます。
佐藤彦五郎新選組資料館蔵

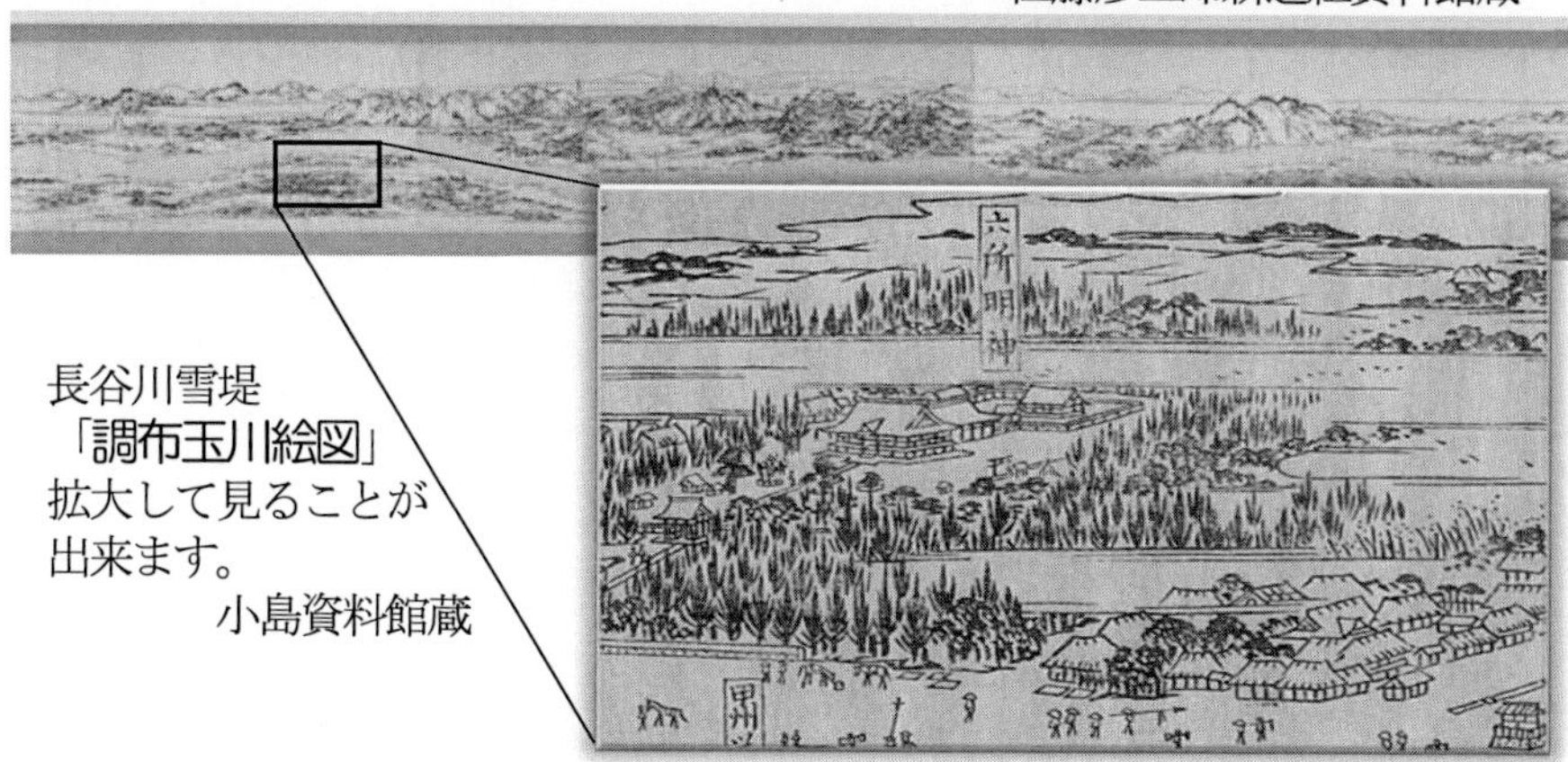

長谷川雪堤
「調布玉川絵図」
拡大して見ることが
出来ます。
小島資料館蔵

多摩新選組デジタル資料館／検索

デジタル資料館への出展	新選組関連資料のテーマ
小島資料館	1　新選組を支援した多摩の豪農
佐藤彦五郎新選組資料館	2　近藤勇が学んだ武術天然理心流とその門人
三鷹市吉野家文書	3　書簡から見た人物
多摩市富澤家文書	4　小野路農兵隊関連資料
日の出町羽生家文書	

◆公益財団法人図書館振興財団の助成を受けて「**ADEAC**（アデアック）」で、資料公開しています。　https://trc-adeac.trc.co.jp/

執筆者　小島日記研究会会員

小島政孝　町田市小野路町
中井静雄　町田市森野
高場康禎　（故人）
辻　清司　町田市南成瀬
廣井理恵子　世田谷区赤堤
荒井　仁　町田市金森東
重政文三郎　町田市成瀬台

編　集

小島政孝
重政文三郎
辻　清司

博愛堂史話　―幕末名主日記にみる江戸近郊の世相

博愛堂叢書５

2022(令和4)年6月1日発行　初版

編　集　小島日記研究会
事務局　〒194-0043　東京都町田市成瀬台3-35-19 重政方
shigemasa36@gmail.com

発　行　小島資料館
〒195-0064　東京都町田市小野路町950
ＴＥＬ　042-736-8777
bz540543@bz03.plala.or.jp

印刷所　ツルミ印刷株式会社
〒230-0034　神奈川県横浜市鶴見区寛政町9-4

ISBN978-4-906062-13-3　C1021